Td 59
83
A.

T. 1660.
2.A.1.

TRAITÉ
DES FIÈVRES
DE L'ISLE
DE S.T-DOMINGUE,

Avec un Mémoire sur les avantages qu'il y auroit à changer la nourriture des Gens de mer.

NOUVELLE ÉDITION.

Par M. POISSONNIER DESPERRIÈRES, Écuyer, Chevalier de l'Ordre de Saint-Michel, ancien Médecin ordinaire du Roi, Médecin de la Grande Chancellerie & de la Généralité de Paris, Inspecteur général adjoint des Hôpitaux de la Marine & des Colonies, Censeur royal, de l'Académie de Dijon, & de la Société royale de Médecine.

A PARIS,
DE L'IMPRIMERIE ROYALE.

M. DCCLXXX.

A MONSEIGNEUR LE DUC DE CHOISEUL,

Pair de France, Chevalier des Ordres du Roi et de la Toison d'Or, Colonel général des Suisses et Grisons, Lieutenant général des Armées du Roi, Gouverneur et Lieutenant général de la province de Touraine, Ministre et Secrétaire d'État de la Guerre et de la Marine.

MONSEIGNEUR,

C'EST avec reconnoiſſance & admiration que la France vous voit tous occupé de ſon bonheur.

a ij

Persuadé que les richesses sont devenues la balance du pouvoir des États, vous pensez sérieusement à faire fleurir toutes les branches du Commerce qui s'étoient flétries pendant la guerre.

Vos vues ne se bornent pas à l'enceinte du Royaume ; elles embrassent l'Univers. Nos Colonies, ces sources fécondes de trésors, excitent votre zèle.

Comme la population est la base de leurs prospérités, vous m'avez ordonné d'écrire sur la Fièvre qui attaque les Européens à Saint-Domingue ; maladie que j'ai eu occasion de connoître & de traiter pendant un séjour de plusieurs années.

Je suis trop heureux, MONSEIGNEUR, *que vous m'ayez fourni une occasion de servir la Patrie, & de pouvoir, par ce foible hommage, rendre publique ma vénération pour cette supériorité, cette étendue d'esprit, & cette fermeté d'ame, qui fixent sur vous les yeux de toute l'Europe.*

Je suis, avec un profond respect,

MONSEIGNEUR,

Votre très-humble &
très-obéissant serviteur,
POISSONNIER DESPERRIÈRES.

AVERTISSEMENT.

Quoique la Nature soit par-tout la même, elle se présente sous une multitude de jours divers : ce n'est pas elle qui change, ce sont ses opérations qui varient.

L'économie animale est à peu-près la même dans tous les hommes. Quelles différences néanmoins dans la dissection des sujets pris dans une même Nation, ne démêle pas un Anatomiste Philosophe, soit dans les os, les muscles, les nerfs ; soit dans les vaisseaux, les viscères, leurs fonctions, & dans les fibres même ! Ces différences sont bien autrement exprimées sous les divers climats.

Ces nuances différentielles, bien aperçues, auroient peut-être donné une théorie sûre de la variation des maladies

AVERTISSEMENT.

dans les individus. On auroit pu asseoir, d'après l'observation, une méthode précise pour varier les traitemens.

Pour s'élever au-dessus de la sphère étroite des observations, un Médecin éclairé doit remonter jusqu'à la cause unique & immense des variétés, le climat; il joue le plus grand rôle dans le physique.

Il conviendroit d'apprécier tous les degrés d'action du chaud & du froid chez les divers Peuples, & dans les différens individus, sur la circulation, la nutrition, les sécrétions, les excrétions, selon les différens âges, les sexes, & pendant les voyages de long cours.

C'est en partie des qualités communes & particulières des climats qu'il faudroit faire dériver les maladies générales & endémiques. Un Praticien éclairé ne sauroit calculer avec trop de soin les degrés de froid & de chaud, & les autres

AVERTISSEMENT. xj

changemens qui arrivent dans l'atmosphère. Cette dernière est le thermomètre sur lequel il doit tenir éternellement les yeux fixés ; le sage, le profond Hippocrate, son fidèle disciple Sydenham, & le divin Boërhaave, ne l'ont jamais perdu de vue.

Ces sortes d'attentions sont encore plus nécessaires dans l'Univers moderne que dans l'ancien. Aujourd'hui le Commerce a ouvert toutes les barrières du monde, qui semble s'être étendu à proportion de nos besoins ; & l'on peut dire, dans un sens propre, que l'homme est habitant de l'Univers.

Il seroit à souhaiter, pour la conservation du genre humain, que tous les Médecins répandus sur la surface de notre globe, fissent circuler leurs observations : de toutes ces recherches particulières, il résulteroit un centre de lumière.

AVERTISSEMENT.

Il feroit auffi de la dernière importance d'obferver férieufement le diagnoftic & le pronoftic des maladies endémiques, de démêler avec juftelle les vraies indications des fauffes ; de décider la curation d'après l'expérience, & non d'après des idées fyftématiques ; de ne point foumettre les faits aux principes, mais d'établir les principes fur les faits.

On devroit fe fouvenir que, comme la fonction de Socrate étoit fur-tout d'accoucher les efprits, celle d'un Praticien judicieux eft, fi je puis m'exprimer de la forte, d'accoucher la Nature, *obftetrix Naturæ*.

Si les Médecins de nos Colonies modernes avoient pris pour guide la méthode que j'ai tracée, l'Afrique, l'Afie & l'Amérique n'auroient pas englouti tant de millions d'hommes qui ont trouvé la mort dans des régions où ils cherchoient la fortune.

AVERTISSEMENT.

C'eſt d'après ces principes déja poſés, qu'exerçant la Médecine à Saint-Domingue, j'ai apprécié l'action du climat ſur les Européens pendant le trajet, à leur arrivée & pendant leur ſéjour dans cette Iſle.

J'ai auſſi réfléchi ſérieuſement ſur la maladie régnante en cette partie de l'Amérique, ſur ſon commencement, ſon progrès, ſon caractère commun & propre.

C'eſt pourquoi je me crois autoriſé à preſcrire des règles pour ſon traitement, & un régime propre à s'en préſerver. J'oſe dire que ces règles m'ont été dictées par l'obſervation, & confirmées par des ſuccès fréquens & ſoutenus.

J'eſpère que cet Ouvrage ſera de quelqu'utilité, non-ſeulement aux Médecins & aux Colons deſtinés pour Saint-Domingue, mais encore à tous les Européens qui paſſent dans les pays chauds ; il ne s'agit que de modifier l'application de mes principes.

L'Europe pourra bannir d'avance ſes vaines terreurs pour les tranſmigrations lointaines : outre que les Iſles qui étoient mal-ſaines dans les commencemens, ont comme changé de nature par les exploitations immenſes qu'on y a faites dans les forêts, & que la main Divine y a placé les remèdes à côté du mal, je me flatte de montrer dans ce petit Traité, que l'homme eſt, par le régime, un animal flexible, qui ſe plie aiſément à tous les climats.

D'ailleurs, les maladies endémiques étant une fois bien connues & bien traitées, elles ceſſent d'être abſolument dangereuſes. On peut dire que les contrées qui ſe rapprochent de la Ligne, ſont bien moins redoutables par ces ſortes de maladies que par l'inexpérience de ceux qui n'y ont point pratiqué la Médecine.

AVERTISSEMENT.

Je me croirois trop récompensé de mon travail, si j'avois réussi à répandre du jour sur une matière, qui jusqu'ici a été enveloppée de ténèbres, & à substituer une théorie & une pratique éclairée à une routine aveugle. C'est bien mériter de l'humanité, que d'écrire pour la conservation des hommes.

TABLE
De ce qui est contenu dans ce Volume.

*T*RAITÉ des Fièvres de l'Isle de Saint-Domingue.
                                             page 1

Mémoire sur les avantages qu'il y auroit de changer la nourriture des Gens de mer........ 110

Observations sur le Discours de M. Pringle.. 245

TRAITÉ

TRAITÉ
DES FIÈVRES
DE L'ISLE
DE S.ᵀ-DOMINGUE.

Quand on fait réflexion que l'économie animale subsiste par le juste accord des solides & des fluides, & que le corps humain a ses poids & ses leviers, on est forcé de le regarder comme une machine hydraulique. Quand on considère, de plus, que par ses besoins ou ses sens, il tient à tous les élémens, à toutes les productions de la Nature, & que tout l'Univers semble peser sur lui, on sent la nécessité pour un Médecin de connoître l'action des objets extérieurs sur le mécanisme de la constitution physique de l'homme.

A

Comme ces objets, & par conséquent leurs actions varient selon les climats, on peut dire qu'il y a en quelque sorte autant de mondes particuliers pour les hommes, qu'ils habitent de régions différentes.

Les climats diffèrent sur-tout entr'eux par les degrés de chaud & de froid, occasionnés par leur situation topographique; c'est d'après ce dernier principe que je vais diriger mes vues dans le double objet que je me propose; savoir, de préserver de maladies ceux qui passent à Saint-Domingue, & de les guérir dans le cas où ils en seroient attaqués.

Pour remplir ces deux fins, il faut apprécier les effets que doit produire sur toute l'économie animale le degré de chaud qui règne dans l'île dont il s'agit : elle s'étend du 17.e au 20.e degré de latitude; ainsi les grandes chaleurs doivent y dilater nécessairement les fibres, les vaisseaux, les viscères; l'action du cœur & la réaction des extrémités des fibres doivent donc avoir moins de force; le sang doit être chassé de son réservoir & y revenir avec moins de rapidité. L'équilibre des liqueurs aura de la peine à se maintenir. Par le même principe, les pores de la peau feront plus ouverts, & par conféquent les tranfpirations plus abondantes. Le fang & la lymphe doivent être privés de leurs parties les plus fubtiles & les plus tenues; & par-là même les folides, étant moins lubréfiés, feront très-fufceptibles d'érétifme.

Les parois de l'eftomac ayant peu d'élafticité, & le fuc gaftrique ayant plus d'action, il n'y aura que les parties les plus déliées des alimens qui en feront extraites : par leurs faces prefque infenfibles, elles feront peu propres à s'appliquer fur les fibres & à les nourrir. Le fuc nerveux ne pourra auffi qu'y avoir une vivacité extraordinaire. De-là la foibleffe habituelle aux habitans de l'île; le repos même les accable : de-là encore leur extrême fenfibilité caufée par l'épanouiffement des houpes nerveufes expofées à la moindre action ; enfin c'eft dans cette conftitution qu'il faut chercher la caufe & de l'impérieux attrait qu'ils ont pour la volupté & de la violence des autres paffions qui les dominent. On voit qu'on pourroit juger du caractère des Nations par les différens climats. Tant il est vrai que le physique & le moral sont liés par des nœuds presque imperceptibles qui n'échappent point au Philosophe!

Le climat n'agit pas seulement sur le corps de l'homme, qui est une sorte de plante, mais encore sur des objets extérieurs, sur les mets dont il se nourrit & sur l'air qu'il respire.

Les alimens ont à Saint-Domingue beaucoup d'huile essentielle & peu de sucs nourriciers, ce qui doit ajouter à la subtilité du suc nerveux, nuire à la nutrition & augmenter l'érétisme.

L'air embrasé qu'on y respire ne doit faciliter que foiblement le passage du sang par le poumon; l'air extérieur, par la même raison, ne sauroit comprimer assez la surface du corps, ni rafraîchir suffisamment les liquides, ni les réduire en un assez petit volume; d'où une raréfaction considérable dans le sang & les autres humeurs. Les particules sulfureuses dont l'air est chargé dans l'île dont il s'agit, conspirent encore à agacer, à irriter les membranes du poumon & à les faire entrer en érétisme.

Les inconvéniens de ce climat font infiniment moins dangereux pour les Naturels du pays que pour des François accoutumés à un air tempéré, à des alimens pleins de sucs nourriciers & à des mouvemens forts & continus. Quand, par les degrés de latitude, on mesure le degré du chaud de la France, & qu'on le compare avec celui de l'île de Saint-Domingue, on trouve que la chaleur de celle-ci est au moins de 2 à 4 *; chaleur qui paroît d'autant plus excessive qu'elle est presque continuelle. Qu'on juge, d'après l'impression forte du climat, des risques que doivent courir des hommes nouvellement transportés dans cette Colonie. Cette impression cependant est toujours relative à la différence de la température du pays où ils vivoient antérieurement.

Il n'est pas hors de propos d'observer que

---

* On ne veut pas dire par-là que la chaleur de Saint-Domingue soit pendant toute l'année deux fois plus forte qu'en France, où l'on observe que dans certains jours de l'été le Thermomètre monte aussi haut qu'à Saint-Domingue, mais ce n'est que pour quelques heures; au lieu que dans cette Isle les chaleurs y sont continuelles & plus soutenues.

le chaud qui règne à Saint-Domingue feroit infupportable, fi l'Auteur de la Nature n'y avoit pourvu ; mais les brifes de l'Eft & de l'Oueft, qui foufflent périodiquement le matin & le foir, & les rofées abondantes de la nuit tempèrent l'ardeur du climat. Ces reffources naturelles entraînent elles-mêmes bien des inconvéniens.

J'ai vu plufieurs perfonnes attaquées de rhumatifmes, d'opthalmies confidérables pour ne s'être pas garanties de l'humidité de la nuit, & d'autres entièrement paralytiques pour s'être expofées à dormir la nuit en plein air. Il fuit des principes établis, 1.° que chaque climat a fes maladies propres & endémiques; 2.° Que dans celui dont il eft ici queftion, les nouveaux arrivés font fujets à la fièvre ardente, ou au vrai *caufos* d'Hippocrate & à une fièvre particulière qui diffère dans fon commencement, fon progrès, fon état & fon déclin, de celles qui règnent communément en Europe; elle fe rapproche néanmoins affez de la fièvre ardente pour pouvoir être regardée comme un diminutif de cette maladie.

Les principaux fymptômes qui caractérifent

le véritable *causos* (qui n'est pas une maladie fréquente dans les régions tempérées de l'Europe) sont, d'après Hippocrate, Galien, Arétée, Boërhaave, &c. une chaleur presque brûlante qu'on sent en touchant le malade: elle n'est pas la même dans toutes les parties du corps; car elle est excessive dans les parties nécessaires à la vie, pendant que la chaleur des extrémités est souvent modérée & que le froid même s'y fait quelquefois sentir. Dans cette fièvre, l'air qui sort du poumon est d'une chaleur outrée; la peau, les narines, la bouche & la langue sont d'une sécheresse extrême; la respiration est dense, difficile & prompte; la langue est sèche, jaune, noire, brûlée & raboteuse. La soif est inextinguible & cesse souvent tout-à-coup; des douleurs dans la région du diaphragme & dans celle des lombes se font sentir. Les urines sont rouges; on a du dégoût pour les alimens, des nausées, des vomissemens, des anxiétés, des inquiétudes & une lassitude très-grande. Les malades sont attaqués d'une petite toux; ils ont la voix glapissante & aiguë. La douleur de tête est violente; le délire & la phrénésie surviennent souvent; les yeux sont larmoyans; l'insomnie, les convulsions & sur-tout des redoublemens de fièvre dans les jours impairs, achèvent de désigner la vraie fièvre ardente.

Voilà les symptômes qui la font reconnoître en Europe, & ils sont les mêmes à Saint-Domingue, excepté que la température du climat les rend encore plus redoutables. La plupart de ces symptômes, qui sont très-graves, font présumer que cette fièvre est une maladie des plus aiguës, & qu'elle ne laisse aux Médecins que peu de temps pour l'application des remèdes : en effet, les malades qui en sont attaqués périssent assez souvent avant le quatrième jour, & ne passent jamais le septième à moins que la maladie ne se termine favorablement. Cette maladie demande donc une connoissance exacte des causes qui la produisent, & des secours très-prompts & très-efficaces de la part du Médecin : d'où l'on peut conclure que cette fièvre qui attaque les Européens transplantés dans les climats chauds de l'Amérique, mérite, à cause de l'extrême violence des symptômes qui l'accompagnent, une attention particulière & dans le choix des moyens de guérir & dans le temps de les employer.

Tous les Auteurs anciens & modernes reconnoiſſent pour cauſes de la fièvre ardente le trop grand travail, les longs voyages, la chaleur du ſoleil, la ſoif trop long-temps ſupportée, l'uſage des remèdes & des alimens échauffans, celui des liqueurs ſpiritueuſes & des aromates, les veilles, l'acte vénérien trop ſouvent répété, la fatigue immodérée, &c. ſur-tout lorſque c'eſt en été que ces cauſes agiſſent.

Ce ſont-là, il eſt vrai, les cauſes qui donnent lieu à la fièvre ardente en Europe; mais à Saint-Domingue les Européens y ſont ſurpris de cette maladie ſans que ſouvent les cauſes dont nous venons de parler y entrent pour rien. Il ne faut cependant pas penſer, d'après cela, qu'Hippocrate, Galien, Arétée, Boërhaave, Fracaſſini & les autres Auteurs, ſe ſoient trompés dans l'expoſition des cauſes de la fièvre ardente; il n'y en a réellement pas d'autres que celles qu'ils ont reconnues, & la diſpoſition prochaine qu'ont à la fièvre ardente ceux qui paſſent à S.ᵗ Domingue, ne fait que démontrer combien ces Auteurs ont examiné de près cette maladie & ses causes. En effet, la chaleur du climat de Saint-Domingue fait elle seule ce que le trop grand travail, les fatigues immodérées, l'exposition à la chaleur du soleil dans l'été, l'acte vénérien répété, &c. font en Europe; je veux dire que les nouveaux habitans de cette Isle, à cause de la chaleur de l'air, sont dans la disposition prochaine à la fièvre ardente, comme ceux qui en France s'adonneroient à des exercices trop violens & trop long-temps soutenus, qui feroient de longs voyages dans cette saison, &c.

Il convient d'observer que si les Européens transportés à Saint-Domingue, sont assez imprudens & assez téméraires pour s'exposer à l'action des causes qui produisent la fièvre ardente en Europe, ils seront presque sûrement attaqués de cette cruelle maladie. J'exposerai dans ce petit Traité les principaux moyens de s'en préserver, & j'indiquerai la manière de la traiter, & de dérober à la mort cette foule d'Européens qui en étoient les victimes. Heureux si je puis éclairer & guider la pratique de ceux qui se destinent par état au soulagement de l'Humanité! mais ayant d'entrer dans le détail des moyens auxquels on peut recourir pour préserver de cette maladie ceux qui passeront par la suite à Saint-Domingue, & avant de prescrire les remèdes qu'il faut employer dans le traitement, j'examinerai les effets de l'air sur nos liquides, & le désordre qui doit se faire dans l'économie animale, lorsqu'on passe d'un air tempéré dans un air plus chaud ; & cela afin de découvrir la part que la chaleur du climat peut avoir dans la production de l'espèce de fièvre ardente qui attaque souvent ceux qui arrivent nouvellement à Saint-Domingue.

L'Auteur de la Nature s'est servi pour notre conservation d'une manière admirable, & de l'air extérieur qui nous enveloppe, & de celui qui entre dans nos poumons. Le premier & le second tendent à produire le même effet. L'air est particulièrement destiné à rafraîchir les liquides, & par conséquent les solides ; le rafraîchissement des liquides tient de si près à notre existence, que nous ne pourrions pas subsister long-temps, si nos liqueurs n'étoient pas continuellement rafraîchies dans la même proportion qu'elles s'échauffent par la circulation. Pour remonter aux principes, je considérerai le sang partant du ventricule gauche, & j'examinerai les différentes modifications qu'il éprouve avant d'être rendu au même ventricule.

Le sang sort du ventricule gauche du cœur; il parcourt les aortes & toutes leurs distributions: les contractions multipliées qu'il a à essuier pendant son cours de circulation, l'échauffent nécessairement; sa chaleur augmentée le raréfie, & lui fait prendre plus de volume, de sorte que les vaisseaux artériels qui le reçoivent, doivent croître en diamètre depuis le cœur jusqu'à leurs divisions; je veux dire que la somme du diamètre de toutes les artères qui partent des aortes & de leurs divisions, doit être plus grande que le diamètre de la grosse aorte qui sort du ventricule gauche. Cela est hors de doute, & tout le monde en convient. Le sang étant parvenu aux extrémités des artères, s'il continuoit à s'échauffer dans les vaisseaux qu'il parcourt, nous serions bientôt détruits; mais la Nature y a pourvu: le sang est repris par les veines plus nombreuses que les artères, parce qu'elles reçoivent un sang plus raréfié, qui occupe plus d'espace : les veines rampent en grande partie sous les tégumens; l'air extérieur qui nous environne, infiniment plus froid que nos liqueurs, les frappe presque immédiatement. Par ce moyen, le sang qui les parcourt, commence à perdre de la chaleur acquise dans sa circulation; mais ce n'est que dans le poumon que le rafraîchissement si nécessaire à nos liqueurs pour que la circulation se répète sans désordre, est achevé, & cela est si nécessaire, que si le rafraîchissement des liqueurs s'opéroit en entier par l'air extérieur qui nous environne, nous serions très-exposés à périr : en effet, l'air extérieur peut d'autant moins opérer lui seul le rafraîchissement des liqueurs, que si dans un temps froid, les liqueurs perdoient par l'action de l'air qui nous environne, la chaleur qu'elles ont acquise dans leur circulation, il faudroit, pour que l'animal subsistât long-temps, que ce degré de froid ne variât point; car s'il augmentoit, les liqueurs se coaguleroient; & s'il diminuoit, les liqueurs se raréfieroient au point que la circulation ne se feroit pas librement : c'est pourquoi l'Auteur de la Nature s'eſt ſervi d'un *medium*, le poumon, & il a tantôt plus, tantôt moins à faire, ſelon que l'air qui agit ſur la ſurface de nos corps, eſt plus ou moins froid, & que nos exercices ſont plus ou moins violens. Par exemple, lorſque le froid eſt grand, & que nous ſommes dans un état de tranquillité, la reſpiration nous eſt preſque inutile, & les inſpirations ſont fort petites & fort lentes; les véſicules pulmonaires ne ſe dilatent que très-peu, & par ce moyen, les vaiſſeaux pulmonaires qui rampent ſur les parois de ces véſicules, ne préſentent qu'une petite ſurface à l'air. De-là le ſang eſt moins rafraîchi dans le poumon, parce que, dans cette circonſtance, l'air extérieur avoit opéré par la fraîcheur, la plus grande partie du rafraîchiſſement du ſang.

Le contraire arrive lorſque l'air qui nous environne eſt chaud, ou lorſque nous faiſons beaucoup d'exercice; le ſang ne perdant dans les veines de la ſuperficie du corps que peu de chaleur, relativement à celle qu'il avoit acquiſe dans ſon cours de circulation, le poumon a beaucoup à faire pour que le ſang qui parcourt ce viscère ne soit transmis au ventricule gauche qu'avec le même degré de chaleur qu'il avoit lorsqu'il en est sorti; aussi dans ces cas les inspirations sont grandes & fréquentes, les vésicules pulmonaires se dilatent autant qu'il est possible, & elles font, par leur dilatation, que les divisions des vaisseaux pulmonaires présentent une très-grande surface à l'air qui entre dans les poumons, & qui, ayant toujours, par rapport au sang, une fraîcheur relative assez grande, parvient à le rafraîchir efficacement dans les distributions des vaisseaux pulmonaires; de sorte qu'on peut dire ici que ce qui n'a pas été fait par l'air extérieur s'exécute par le moyen de celui qui entre dans les poumons.

Le ventricule droit du cœur, plus grand que le gauche, la structure du poumon, les vésicules qui entrent dans sa composition, les artères pulmonaires, plus grandes & plus nombreuses que les veines, (ce qui ne se rencontre que dans le poumon) les divisions infiniment multipliées des vaisseaux pulmonaires, & leur distribution sur les vésicules, tout enfin nous annonce que le sang est rafraîchi dans le poumon : en effet, lorfque l'air remplit les véficules pulmonaires, les diftributions multipliées des vaiffeaux qui rampent fur leurs parois font ifolées pour lors, & préfentent à l'air une furface fi multipliée, que le fang qu'elles contiennent ne peut qu'être rafraîchi par la préfence inftantanée de l'air dans le poumon. Ce liquide rafraîchi doit néceffairement occuper moins d'efpace, & c'eft pourquoi les veines pulmonaires font plus petites que les artères, & que le ventricule gauche eft moins grand que le ventricule droit ; c'eft auffi pour cela que le fang eft plus rouge & plus vermeil dans les veines pulmonaires que dans les artères ; mais ce n'eft pas ici le lieu d'expliquer comment l'air, en rafraîchiffant le fang, lui reftitue la couleur rouge qu'il avoit perdue dans fa circulation.

L'on peut donc conclure de ce qui vient d'être dit que nous ne fommes plongés dans l'air qu'afin que nos liqueurs foient continuellement rafraîchies à proportion qu'elles s'échauffent dans nos vaiffeaux, & que le rafraîchiffement du fang commence à s'opérer dans les veines & s'achève dans le poumon ;

de

de forte qu'on peut dire, que, dans l'état naturel & de santé, le sang qui sort du ventricule gauche, après avoir passé dans toutes les distributions des artères & des veines, & avoir été exposé à l'action de l'air froid dans le poumon, est rendu à ce même ventricule avec le degré de chaleur qu'il avoit lorsqu'il en est sorti.

Cela s'exécute tant que nous ne faisons que des exercices modérés, & que par la température du climat dans lequel nous sommes, l'air extérieur qui nous environne & celui que nous respirons peuvent faire perdre au sang qui circule dans nos vaisseaux autant de chaleur qu'il en avoit acquis dans sa circulation ; mais lorsque nos exercices sont trop violens, ou lorsque l'air dans lequel nous sommes plongés & celui qui entre dans nos poumons, ne peuvent (lors même que les inspirations sont aussi grandes & aussi fréquentes qu'elles sauroient l'être) opérer en entier le rafraîchissement du sang, que de troubles, que de désordres ne doit-il pas se passer dans l'économie animale ! En effet, le sang qui revient de toutes les parties du corps par les

B

veines & qui est porté au ventricule droit, n'étant pas suffisamment rafraîchi dans le poumon, ne se trouve pas réduit à un assez petit volume pour qu'il puisse passer en entier de ce ventricule au ventricule gauche; de façon qu'à chaque contraction le ventricule droit & les artères pulmonaires se trouveront surchargés de la portion du sang qui n'aura pas pu passer faute d'être rafraîchie, & qui, pour petite qu'elle soit, engagera très-promptement le ventricule droit & sur-tout les artères pulmonaires.

Alors la respiration sera prompte, difficile & dense, & sera la même que celle que les Auteurs ont décrite sous le nom de *respiratio densa, anhelosa & cita;* mais ce ne sont pas là tous les désordres. La portion du sang qui aura passé du ventricule gauche dans le ventricule droit, & qui (soit par l'action de l'air extérieur, soit par l'action de celui qui aura été introduit dans les vésicules pulmonaires) n'aura pas été suffisamment rafraîchie pour être transmise au ventricule gauche dans le même degré de fraîcheur qu'elle en étoit sortie lors de sa circulation antérieure, portera plus de chaleur qu'auparavant dans les parties où elle sera distribuée. Cette chaleur augmentera encore dans la circulation suivante, parce que l'air extérieur & celui qui est inspiré étant toujours insuffisans pour faire perdre au sang sa chaleur acquise, il sera plus chaud dans la deuxième circulation que dans la première, & ainsi de suite. Par ce moyen, la chaleur pourra augmenter au point que la peau deviendra brûlante & que l'air qui sortira du poumon sera d'une chaleur outrée.

On voit déjà par les désordres dont je viens de parler (& qui sont ceux qui doivent se passer lorsqu'on s'adonne à des exercices trop violens ou qu'on est exposé à un air trop chaud) que les liqueurs doivent tendre à l'alkalescence & à la pourriture; mais dans le temps même que tous ces désordres se passent, le sang doit, par une suite nécessaire, demeurer plus de temps à faire son tour de circulation, & être exposé à un plus grand nombre de contractions du cœur & des vaisseaux que dans l'état naturel: en effet, le sang n'étant pas suffisamment rafraîchi pour passer en entier du ventricule droit dans le ventricule gauche, ce premier ventricule se trouve par ce moyen nécessairement engorgé; les veines-caves doivent s'en ressentir, &, à la longue, toutes les veines qui s'y rendent; de sorte que les artères éprouvent une certaine résistance à se dégorger dans les veines. Les veines-caves elles-mêmes doivent dans ce cas ne transmettre qu'avec une difficulté extrême le sang qu'elles portent à l'oreillette droite du cœur, ce qui fait que, malgré les contractions multipliées du cœur & des artères, il ne revient au ventricule gauche, d'où il étoit sorti, qu'après un espace de temps plus long que dans l'état de santé. Je n'entends cependant pas dire que les liquides soient dans un moindre mouvement; je pense seulement que leur passage d'un endroit à un autre est moins prompt qu'à l'ordinaire, mais que le mouvement de trusion qu'ils éprouvent est beaucoup plus grand. De-là plusieurs causes de la raréfaction des liqueurs, de la décomposition & de l'altération qu'elles éprouvent.

Quoique j'aie admis deux causes propres à produire tous ces désordres dans l'économie animale; savoir, la chaleur de l'air & les exercices violens; l'Auteur de la Nature a veillé à notre conservation de la part des exercices. La lassitude & la fatigue qui en résultent & qui sont une suite nécessaire & de l'épuisement des esprits animaux & de la raréfaction des liqueurs qui compriment les nerfs, empêchent les hommes, malgré eux, de pousser les exercices assez loin pour leur être ordinairement nuisibles. D'ailleurs les élémens même sont nécessités à concourir à notre conservation dans cette circonstance. La fraîcheur de l'air, relativement à nous, croît à proportion de nos exercices; car, lorsque nous courons, nous échauffons successivement un nombre considérable de masses d'air qui nous rafraîchissent & que nous n'aurions pas échauffées si nous étions demeurés tranquilles, parce que cela seroit inutile pour lors. Nous ne pouvons pas non plus faire aucun mouvement qui augmente notre chaleur, sans que nous ne renouvelions continuellement l'air qui nous environne, ce qui fait que les exercices considérables sont rarement nuisibles, si on les fait dans un air froid ou tempéré; mais dans les temps de grande chaleur, on voit aſſez ſouvent périr des perſonnes lorſqu'elles forcent l'exercice, comme les Coureurs, &c. parce que le concours de l'air qui les environne & de celui qu'ils reſpirent n'eſt pas ſuffiſant dans cette ſaiſon pour empêcher que le ſang n'engorge conſidérablement le ventricule droit, les oreillettes du même côté & les veines-caves, & que la raréfaction de ce liquide & ſa trop grande affluence vers ces parties ne faſſe rompre ou les veines-caves, ou l'oreillette droite, ainſi qu'on l'a vu arriver. Du moins ſi une mort ſubite ne fait pas périr ceux qui forcent les exercices dans les grandes chaleurs & à l'ardeur du ſoleil, ils ſont ſouvent attaqués d'une fièvre ardente qui leur laiſſe peu de répit, & de laquelle ils périſſent en peu de jours.

Si l'Auteur de la Nature a néceſſité l'action des élémens pour notre conſervation, lors des exercices & du travail auxquels il nous a aſſujettis, il n'a pas de même néceſſité l'action des élémens pour la conſervation des hommes qui paſſent dans des climats pour leſquels ils ne ſont pas nés. L'air dans ces climats agit ſur nos corps ſuivant les loix générales de l'Univers, & ne changera pas, sans doute, sa façon d'agir pour des êtres qui lui sont étrangers: ces régions ont des hommes, des animaux & des plantes pour l'existence, la conservation & la propagation desquels il faut que les qualités de l'air soient telles que celles qu'il a.

D'où l'on peut conclure que, la Nature ne faisant rien ou presque rien pour les hommes qui passent d'un climat tempéré dans un pays très-chaud, l'Art doit avoir beaucoup à faire pour militer contre les élémens & pour préserver les hommes des effets pernicieux de ces mêmes élémens; mais, si c'est à l'Art qu'il faut nécessairement recourir pour la conservation des hommes transplantés dans nos Colonies, combien n'est-il pas important que le Médecin connoisse la véritable action de l'air sur les fluides & sur les solides du corps humain, comment & pourquoi il produit des désordres, & quels sont ceux auxquels il peut donner lieu lorsqu'on passe d'un air tempéré dans un air plus chaud!

Tout ce que j'ai dit jusqu'ici est pour conduire à cette connoissance si essentielle &

anxiétés, un abattement extrême, &c.

Mais le défordre peut encore être pouffé plus loin ; le ventricule droit ne fe dégorgeant pas en entier dans les artères pulmonaires, par les raifons que j'ai dites, les veines-caves fupérieure & inférieure doivent, faute de fe dégorger, être très-diftendues, de même que toutes les veines qui y aboutiffent : par conféquent les jugulaires internes & externes & toutes les branches veineufes qui concourent à les former, feront dans un état de dilatation ; les artères carotides ne pouvant pas non plus fe dégorger librement à caufe de la réfiftance qu'elles éprouvent de la part des veines trop remplies, elles s'engorgeront auffi, & cet engorgement fe communiquera jufqu'au ventricule gauche, dont les contractions plus fréquentes augmenteront encore la chaleur des liquides. De ce défordre dans la circulation, il réfultera des maux de tête violens, le délire, la frénéfie, le coma, &c. Le même défordre fe paffera du côté de la veine-cave inférieure & des veines qui y aboutiffent, elles feront toutes très-diftendues ; les veines diaphragmatiques, les veines gaftriques, hépatiques, la veine-porte, &c. ne se dégorgeant pas avec facilité, elles souffriront une distension qui produira des accidens différens, des nausées, des douleurs dans la région du diaphragme, du foie, & dans les régions lombaires.

La raréfaction des liquides étant même portée à un certain point, les veines pourront se rompre, & donner lieu à des hémorragies quelquefois mortelles & quelquefois salutaires. On juge bien que dans cet état les liqueurs étant très-raréfiées, & leur chaleur n'étant pas modérée suffisamment, ces mêmes liqueurs acquerront de l'acrimonie, tendront à se décomposer & à tomber en alkalescence & en pourriture : pour lors, le système nerveux entrera en érétisme ; il y aura spasme dans presque tous les couloirs, plus de sécrétion, pour ainsi dire, désordres sans nombre, inflammation générale, chaleur acrimonieuse, excessive, &c. le sang même malgré les contractions multipliées du cœur & des artères, n'aura qu'un mouvement progressif fort lent, pendant que son mouvement de trusion sera très-considérable. Il ne pourra pas en effet tempéré dans un endroit plus chaud ; car peu de jours après être arrivés dans cette île, ils perdent l'appétit, ils ne respirent pas avec la même facilité qu'ils respiroient en France, leurs inspirations sont plus grandes ; ils sont sujets à avoir mal à la tête, aux reins, &c. & on peut dire qu'ils éprouvent les mêmes indispositions que ceux qu'on feroit passer d'un air tempéré dans un air très-chaud : or, comme il y a ici identité d'accidens, je suis autorisé à conclure l'identité des causes. J'y suis d'autant plus autorisé, qu'il est connu que l'air de Saint-Domingue est infiniment plus chaud que celui de France ; mais, pour répondre à toutes les difficultés, rapportons des expériences faites sur des animaux qu'on expose dans des endroits très-chauds, & voyons si ce qui leur arrive infirme ou appuie notre théorie.

Les accidens qu'ont éprouvés les animaux sur lesquels on a fait ces expériences, confirment tout ce qui a été dit ci-devant. Quand on les expose à un degré de chaleur aussi grand que celui des liquides qui circulent dans leurs vaisseaux, leurs inspirations deviennent fortes, fréquentes & difficiles; ils ont les yeux vifs & larmoyans; ils haletent bientôt & ne tardent pas à périr dans un état de suffocation accompagnée d'accidens graves. La chaleur de ces animaux augmente infiniment, la langue leur sort de la bouche & ils rendent une salive qui exhale une odeur insupportable. On ne peut pas s'empêcher de reconnoître pour cause de ces accidens la chaleur de l'air dans lequel ils sont plongés. L'air chaud qu'ils respirent ne réduisant pas à un petit volume le sang qui passe par le poumon, & cet air, de même que celui qui les environne, ne faisant rien perdre aux liquides de la chaleur qu'ils acquièrent en circulant, il faudra nécessairement que ces animaux éprouvent tous les accidens de la suffocation & que leurs humeurs répandent une odeur fétide, suite de la chaleur outrée qui décompose les humeurs & qui donne lieu à la formation d'un alkali volatil.

La suffocation naîtra de ce qu'il ne passera par le poumon qu'une partie du sang que le ventricule droit chasse à chaque pulsation dans les artères pulmonaires. En effet, pour que tout le sang qui sort du ventricule droit pût paffer par le poumon, il faudroit néceffairement que cette maffe de liquides diminuât de volume dans tous les vaiffeaux du poumon fur lefquels l'action de l'air froid peut fe faire fentir, c'eft-à-dire, fur les divifions des veines, comme fur celles des artères pulmonaires. Or, lorfqu'un animal eft expofé à un air très-chaud, le fang du ventricule droit, qui, pour paffer en entier dans le ventricule gauche, devoit diminuer de volume, n'étant plus foumis à l'action d'un air froid propre à remplir cette vue, ne paffera qu'en partie dans les vaiffeaux pulmonaires, & le refte engorgera en peu de temps le ventricule droit & les veines-caves, ce qui conftituera l'état de fuffocation.

La putridité des humeurs aura lieu, parce que le fang qui fe fera porté du ventricule droit dans le ventricule gauche, n'ayant rien perdu de fa chaleur lors de fon paffage par le poumon, & étant obligé de fubir de nouvelles circulations, il acquerra une chaleur qui ira toujours en augmentant & qui fera bientôt pouffée au point que les humeurs fufceptibles de putridité s'alkaliferont jufqu'à répandre une puanteur considérable. Dans ce cas, l'air qui sort du poumon de ces animaux est très-chaud, & un thermomètre placé dans leur bouche lorsqu'ils suffoquent, a fait remarquer que leur corps acquiert un degré de chaleur fort au-dessus de celle qui leur est naturelle.

On peut juger, d'après cela, combien il est nécessaire que le sang soit continuellement rafraîchi & réduit à un plus petit volume, tant par l'air environnant, que par celui qui entre dans le poumon, & combien il est dangereux de passer promptement d'un air tempéré dans un climat très-chaud. On est, il est vrai, bien éloigné d'éprouver, en arrivant à Saint-Domingue, les accidens des animaux sur lesquels les épreuves, dont je viens de parler, ont été faites, parce qu'il s'en faut infiniment qu'il n'y ait entre l'air que nous respirons & celui de Saint-Domingue, une différence aussi grande que celle qu'il y a entre l'air que respiroient naturellement ces animaux & celui auquel on les a exposés.

Cependant, à examiner les choses à la rigueur, des animaux exposés à un air aussi chaud que je l'ai dit ci-dessus, ont les symptômes d'une fièvre ardente qui parcourt rapidement tous ses périodes, & qui fait périr dans un espace de temps fort court. Car si l'on y fait attention il y a chaleur excessive, difficulté très-grande de respirer, anxiété, &c. & je ne doute point que, si des hommes étoient exposés à ces épreuves, ils ne ressentissent dans un degré supérieur tous les accidens qui accompagnent la fièvre ardente. On peut même présumer que, s'il n'y avoit pas une si grande différence entre l'air dans lequel un animal vit, & celui dans lequel on le transporteroit, tous les accidens, dont nous avons parlé, n'augmenteroient que peu-à-peu, & ne le feroient périr que dans 24, 36 ou 48 heures, selon le degré de chaleur qu'auroit l'air dans lequel il feroit plongé. Je crois pouvoir conclure d'après tout ce qui a été dit, que la chaleur de l'air de Saint-Domingue peut seule donner lieu à la fièvre ardente à laquelle sont sujets ceux qui passent de France dans cette île; que si elle ne produit pas cette maladie, elle donnera naissance à une fièvre moins vive qui n'en sera qu'un diminutif; & qu'enfin si la nature du climat n'occasionne ni l'une ni l'autre de ces maladies, elle laissera pendant long-temps ceux qui y sont transportés, dans une disposition prochaine à la fièvre ardente, &c. Il y a bien d'autres causes qui peuvent concourir à produire la fièvre ardente & les fièvres qui lui sont subordonnées; mais ces causes sont toujours secondées par la chaleur du climat, & elles sont les mêmes que celles qui en Europe donnent lieu à cette fièvre: savoir, les exercices trop violens & trop long-temps soutenus, les veilles, l'usage des liqueurs spiritueuses, &c.

Je considérerai donc tous les nouveaux débarqués à Saint-Domingue comme prêts à être attaqués de la fièvre ardente ou d'une fièvre qui est moins dangereuse, qui n'en est qu'un diminutif, & dont je parlerai par la suite; ou bien je les regarderai comme n'ayant que des dispositions plus ou moins prochaines à ces deux fièvres. La cause principale qui agit dans ce cas (la chaleur du climat) étant connue, de même que sa manière d'agir, j'insisterai sur les précautions qu'il y a à prendre pour diminuer, pour combattre & pour détruire cette difpofition relativement à la caufe qui l'a produite & qui l'entretient, & j'indiquerai les moyens auxquels un Médecin doit avoir recours pour traiter méthodiquement & avec fuccès les fièvres qui attaquent les nouveaux-venus à Saint-Domingue.

Les précautions qu'on doit prendre pour combattre & pour détruire la difpofition que ceux qui arrivent à Saint-Domingue ont à la fièvre ardente, regardent deux temps différens, celui du voyage & celui du premier féjour dans l'île, & ces précautions s'étendent particulièrement fur la quantité & fur la qualité des alimens & des boiffons dont on ufera; fur l'exercice qu'on prendra, ou, pour mieux dire, fur l'ufage convenable des fix chofes non naturelles. Or quelle indication principale a-t-on à remplir dans cette circonftance ? c'eft de modérer l'action des folides, de diminuer la maffe des humeurs & de les priver des particules maffives qui les rendent le plus fufceptibles d'échauffement; afin que, lorfqu'on eft arrivé à Saint-Domingue, les vaiffeaux ne foient remplis que de fucs qui, par la nature des parties intégrantes qui les constituent, n'acquièrent dans leur cours de circulation qu'un degré de chaleur qui pourra aisément être tempéré par la fraîcheur relative de l'air environnant & de celui qu'on y respire.

La Nature prévient l'Art dans cette circonstance; l'action des solides s'affoiblit quand on passe dans les pays chauds, & l'appétit diminue, parce qu'il faut nécessairement que les liquides de l'homme qui vit dans ces climats ne soient fournis que de peu de particules massives; c'est pourquoi la Nature, cette sage mère, pour nous empêcher de nous écarter de ses vues & de travailler à notre destruction, change l'appétit des hommes à raison de leur besoin, je veux dire que le besoin de nourriture varie en proportion de la chaleur des lieux que nous habitons : en effet, ce besoin est moindre dans les pays chauds que dans les pays froids. On aura donc pour ceux qui de France iront à Saint-Domingue ce double point de vue à remplir, de modérer l'action des solides & de diminuer le volume & la densité des liquides.

On doit tâcher de remplir une partie de ces indications avant le départ & pendant le voyage. Pour en venir à bout, il est à propos que tous ceux qui passent à Saint-Domingue se fassent saigner une fois ou deux, sur-tout s'il y a en eux beaucoup de disposition à la pléthore sanguine; & pour peu que leur état paroisse l'exiger, ils ne sauroient rien faire de mieux que de se purger avant leur départ. Ces premières précautions prises, on observera, pendant la traversée, de se laver la bouche tous les matins à jeun avec de l'eau & un peu de vinaigre.

On aura aussi l'attention d'assaisonner avec du vinaigre les légumes & une partie de la viande dont on se nourrira. Au lever du soleil, il faudra venir sur le pont & ne rester pendant la journée que le moins qu'il sera possible dans l'entrepont; il seroit encore très-utile de s'exercer sans se fatiguer.

Il convient de changer de linge le plus souvent qu'on peut, & on ne prendra jamais une nouvelle chemise sans qu'elle ait été long-temps exposée au soleil, & qu'elle n'ait été bien séchée & frottée auparavant.

On se couchera de bonne heure, & on se lèvera avec l'aurore; & à supposer qu'on fût obligé d'être pendant la nuit sur le pont, il est essentiel d'avoir toujours la tête couverte: & si l'on y couche, il faut avoir la précaution de se couvrir le corps, la tête & les yeux.

Dès qu'on aura gagné le climat chaud, on boira *à sa soif* de l'eau acidulée avec de la crême de tartre dissoute en quantité convenable *. Chaque personne pourra de cette manière faire la consommation de deux gros de crême de tartre par jour. Cette boisson produira le double avantage de rafraîchir légèrement & de tenir le ventre libre.

On ne se permettra point l'usage des liqueurs spiritueuses; il n'y a que le vin pris en quantité modérée, dont l'usage ne sera pas interdit.

Il ne faut pas négliger d'embarquer avec soi une bonne quantité de choux ou d'autres légumes confits dans le vinaigre; on en

---

* Quoique la crême de tartre ne soit pas tenue en dissolution dans l'eau froide, elle ne laisse pas de lui communiquer une acidité sensible.

mangera le matin & le soir, & même avec de la viande : cette sorte de nourriture est très-bonne quand on passe dans les climats chauds.

La propreté est sur-tout recommandée lorsque l'Équipage ou les Passagers sont fort nombreux; mais une chose à laquelle il faut faire beaucoup d'attention, indépendamment des boissons un peu acidules, c'est de se modérer sur la quantité des alimens qu'on prendra; il faudroit même se faire un peu de violence sur cet article, & je vais dire pourquoi.

L'appétit (par une cause qui infirme les principes que j'ai posés; savoir, que l'appétit diminue lorsqu'on va dans les pays chauds) se soutient sur mer, & augmente même quelquefois, quoiqu'on navige dans des lieux qui, à cause de leur situation topographique, doivent être infiniment plus chauds que celui qu'on a abandonné; mais qu'on me permette ici une réflexion, & l'on verra que ce qui, au premier aspect, paroît infirmer notre théorie, ne fait qu'en prouver la bonté.

Quand on est sur mer, on est plongé dans

une atmofphère plus denfe & imprégnée d'acides marins; par cette raifon, elle doit beaucoup nous rafraîchir, & entretenir l'action des folides, & exiger que nous fourniffions à nos fucs affez de particules maffives pour qu'il s'excite dans nos humeurs une chaleur proportionnelle au rafraîchiffement qu'elles éprouvent de la part du fluide environnant: je dis encore que dans le temps qu'on eft fur un Vaiffeau, l'air peut avoir à votre égard une fraîcheur relative, telle que fi vous étiez dans un pays tempéré, lors même que vous n'êtes pas fort éloigné de la Ligne; car il faut confidérer que fi le Vaiffeau fait beaucoup de chemin, vous rafraîchiffez fucceffivement des maffes d'air différentes, & vous vous trouvez dans la même fituation d'un Coureur qui traverfe l'air rapidement: mais, comme dans ce cas il n'y a fouvent de votre part aucune action mufculaire, aucune caufe de chaleur qui réponde au rafraîchiffement que porte fur vous l'air à travers lequel vous paffez, il arrive que cet air eft froid relativement à vous; de forte qu'il fe paffe fur vos folides & fur vos fluides ce qui se passeroit si vous étiez dans un pays tempéré; c'est ce qui fait que l'appétit se soutient; que l'on respire aisément, & que, tandis que le Vaisseau fait route, on n'est pas dans un accablement pareil à celui dans lequel on se trouve lorsqu'il fait calme ou lorsqu'on est arrivé à terre.

Ce qui paroît un bien est cependant un mal, par rapport à ceux qui débarquent dans un pays chaud; car, ainsi que je l'ai dit, pour qu'il ne se passe aucun désordre dans l'économie animale, il faut que, dans un pays chaud, les liquides du corps humain soient fournis de peu de particules massives & que l'action des solides soit affoiblie. Or, dès que vous sortez d'un Vaisseau qui a fait le passage en peu de temps, vos solides & vos fluides ne se trouvent pas dans l'état où il faudroit qu'ils fussent pour votre santé; car, par la rapidité avec laquelle vous avez traversé l'air dans votre trajet, ce fluide, en tempérant la chaleur des solides, a nécessairement exigé que vous fissiez usage de substances aussi nutritives, & en aussi grande quantité que dans un climat tempéré.

Mais peu de temps après que vous êtes à terre, vous éprouvez un changement subit, vous n'êtes plus transporté avec rapidité dans différentes masses d'air qui vous rafraîchissent, ou du moins, si vous l'êtes, ce n'est qu'aux dépens d'une action musculaire qui, en augmentant en vous la chaleur, demande une fraîcheur relative plus grande, au lieu que dans le Vaisseau vous aviez ces masses multipliées d'air qui vous touchoient & qui vous rafraîchissoient, sans qu'il y eût de votre part aucune action musculaire qui concourût à augmenter votre chaleur propre. Vous vous trouvez donc comme si vous passiez promptement d'un endroit tempéré dans un endroit beaucoup plus chaud, vous y êtes avec des sucs qui sont chargés de particules aussi grossières qu'il faut qu'elles le soient dans un pays tempéré, & l'action de vos solides est encore aussi forte que l'exigeoit le climat que vous venez de quitter.

Lorsqu'on arrive avec ces dispositions dans un pays chaud, il n'est pas étonnant qu'il se passe des désordres dans l'économie animale. Les premiers qui s'annoncent sont la raréfaction des liquides, une lassitude extrême, la respiration un peu gênée, perte d'appétit, mal de tête, &c. Or, comme ces accidens sont plus ou moins à craindre à raison de l'action plus forte des solides & de la plus grande masse des fluides, il faut, autant qu'on le peut, vivre pendant la traversée de substances médiocrement fournies de sucs nourriciers, telles que sont les végétaux, & lutter même contre son appétit. L'observation de ce précepte est de la plus grande importance pour ceux qui veulent ne pas courir le risque d'une maladie très-grave en arrivant à Saint-Domingue.

Dès qu'on sera débarqué dans cette île, il ne faudra pas perdre de vue les précautions à prendre contre les maladies qui attaquent les nouveaux arrivés, & il faut les attendre sans effroi. Pour les éviter, ce qui seroit rare, ou au moins pour diminuer les accidens qui les accompagnent, on pourra, après quelques jours de repos, se faire saigner une fois seulement ou deux fois au plus. Il ne faut pas s'en tenir aux seules saignées; une attention particulière qu'il importe d'avoir dans

dans les premiers temps, c'eſt de manger ſobrement & de ne faire aucun uſage des liqueurs ſpiritueuſes. L'on ne s'expoſera point à l'ardeur du ſoleil ; les exercices auxquels on ſe livrera ſeront toujours très-modérés ; les veilles & la trop grande application d'eſprit ne peuvent qu'être nuiſibles. On prendra avec ſuccès le bain de rivière. On ſe nourrira de végétaux plutôt que d'animaux. On mangera quelques oranges, & la meilleure boiſſon dont on puiſſe uſer ſera une légère limonade. On s'abſtiendra du commerce des femmes & ſurtout de celui des Négreſſes, & on ſe couchera de bonne heure, la tête couverte & jamais à l'air. S'il n'eſt pas poſſible d'éviter la maladie du pays par ces précautions, du moins peut-on être moralement ſûr que, ſi l'on en eſt attaqué, les ſuites n'en ſeront pas auſſi dangereuſes.

Mais ſi, malgré toutes les précautions que j'ai indiquées, ou faute de les avoir priſes, une perſonne tombe dans un accablement extrême ; ſi elle a mal à la tête, une difficulté de reſpirer, des douleurs dans tous les membres & particulièrement dans la région des lombes ; ſi la fièvre eſt conſidérable &

D

accompagnée de soif, de sueur & d'une chaleur très-grande; si tous ces accidens acquièrent promptement beaucoup d'intensité; si la chaleur sur-tout devient brûlante, & la soif inextinguible; si l'on a des nausées & des vomissemens de matière bilieuse ou porracée; si la langue devient noire & âpre, si une douleur vive dans la région du diaphragme se fait sentir, si la chaleur des extrémités n'est pas comparable à celle dans laquelle se trouvent le tronc & la tête, si quelquefois même ces extrémités sont froides; si l'insomnie, la frénésie, un délire obscur, & les autres symptômes dont j'ai fait l'énumération dans le commencement de ce petit Ouvrage, se trouvent de la partie, la vraie fièvre ardente ou le vrai *causos* d'Hippocrate, se trouve caractérisée.

Cette fièvre parcourt avec beaucoup de promptitude tous ses degrés; le temps de son augmentation dure peu: elle est quelquefois dans son état avant le deuxième jour, & les malades peuvent en périr avant le troisième si on ne leur donne pas les secours les plus prompts & les plus efficaces; d'où l'on peut conclure qu'il est de la plus grande importance pour ceux qui passent ou qui sont envoyés à Saint-Domingue, que les Médecins ou Chirurgiens qui les traitent, connoissent les véritables causes de cette maladie, & le traitement qui lui convient, d'autant plus qu'il faut se décider promptement sur le choix des moyens curatoires, & qu'on n'a pas de temps à perdre dans l'application des remèdes.

D'après ce que j'ai dit sur les effets que l'air produit sur nos solides & sur nos fluides, & sur ce qui doit arriver à des hommes transportés d'un climat tempéré dans un pays chaud, on connoît la principale cause de la fièvre ardente de Saint-Domingue. Il y en a cependant encore d'autres qui méritent l'attention du Médecin ; c'est un exercice immodéré, la course à l'ardeur du soleil, l'excès des liqueurs spiritueuses, l'acte vénérien trop souvent répété, &c. Qu'on me permette d'exposer ici que cette dernière cause trop souvent ordinaire, demande dans le traitement de la fièvre ardente qui succède à un excès dans ce genre, beaucoup de circonspection dans l'usage des remèdes les mieux indiqués pour cette maladie.

Toutes ces causes ne sont encore que des causes prédisposantes & éloignées de la fièvre ardente. Une cause plus prochaine, c'est l'action d'une matière irritante, qui faisant entrer en érétisme tout le système vasculeux, produit des embarras multipliés dans la circulation, des crispations dans tous les couloirs; de-là une inflammation presque générale qui attaque sur-tout les organes les plus nécessaires pour l'entretien de l'économie animale: savoir, le cerveau, le poumon, le foie, le diaphragme, l'estomac & les intestins; mais quoiqu'on soit obligé de reconnoître une matière âcre pour cause prochaine de la fièvre ardente, on conçoit aussi que cette même matière n'est que le produit des causes premières, des causes éloignées. En effet, la chaleur du climat, les exercices immodérés, l'usage des liqueurs spiritueuses, raréfient les liquides outre-mesure, les échauffent; l'air environnant ne les tempérant pas assez, elles conservent pendant long-temps (sur-tout lorsque plusieurs de ces causes ont agi ensemble) une chaleur & un volume qui ne leur est pas ordinaire. Les contractions du cœur & des artères se multiplient; & les liquides, à cause de leur grande raréfaction, ne pouvant couler assez promptement par le poumon, ce viscère s'engorge un peu, de même que le ventricule droit, les veines-caves & toutes les autres veines qui s'y rendent. Tous les vaisseaux se dilatent, & pour-lors les parties les plus séreuses du sang se dissipent par les tuyaux excrétoires, & produisent une sueur d'expression. Les humeurs étant moins noyées, souffrent plus de frottement, s'échauffent davantage par la même raison, & peuvent prendre un degré d'acrimonie considérable, sur-tout celles qui sont le plus susceptibles de s'alkaliser, comme la bile.

Or il n'est pas surprenant que cette humeur, ayant changé de nature & circulant avec le sang, agace & picotte les membranes, les vaisseaux, les nerfs, & fasse naître un érétisme général qui produira bientôt une inflammation dans les principaux viscères, une chaleur acrimonieuse à la peau & tous les accidens dont j'ai fait l'énumération.

Mais comment, dira-t-on, l'acte vénérien répété donnera-t-il naissance à une matière acrimonieuse propre à être la cause prochaine de la fièvre ardente ? Pour concevoir l'effet de l'acte vénérien dans ce cas, il faut faire attention que dans les climats chauds les humeurs de ceux qui y sont venus des pays tempérés où l'on se nourrit de substances animales, sont toujours alkalescentes & un peu acrimonieuses. Or, d'après cette disposition dans les humeurs, elles n'attendent que l'occasion favorable pour faire entrer par leur acrimonie tout le système vasculeux & nerveux en érétisme, & cette occasion se présente après les grandes évacuations de liqueur séminale qui, tant qu'elle rentroit dans les humeurs en suffisante quantité, modéroit leur acrimonie de façon à la rendre impuissante, & tenoit les vaisseaux dans un état de souplesse fort éloigné de l'érétisme.

Les dangers de cette maladie sont toujours très-grands ; ils varient cependant à raison du sexe, de l'âge, du tempérament & du concours des causes qui la font naître.

Toutes choses égales d'ailleurs, les femmes

courent moins de rifques que les hommes; les accidens chez elles font toujours moins graves, & elles font même peu fujettes à cette maladie, parce qu'ayant la fibre plus molle, l'action organique de leurs vaiffeaux eft moins forte, & ils font plus extenfibles. Par cette raifon, la chaleur, la raréfaction du fang doivent être plus modérées & la rupture des vaiffeaux plus rare.

Par rapport à l'âge, les périls de la fièvre ardente diffèrent beaucoup; car les enfans & les jeunes gens qui ont encore la fibre molle, qui ont les vaiffeaux fouples & dont le diamètre peut encore augmenter fans craindre de rupture, échappent affez fouvent de cette maladie, lorfqu'on leur fait à temps les remèdes convenables; les perfonnes âgées, par la raifon du contraire, fuccombent prefque toujours aux accidens de cette fièvre.

Le tempérament fera varier les dangers de cette fièvre; ils feront très-grands fi le malade eft d'un tempérament bilieux ou fanguin, & ils feront moindres s'il eft d'un tempérament flegmatique.

Cette fièvre fera d'autant plus redoutable,

que le concours des causes éloignées qui l'auront fait naître sera plus grand. En effet, si c'est tout-à-la-fois la chaleur du climat, un exercice immodéré & l'excès dans les plaisirs de l'amour qui l'aient produite, le malade courra de plus grands risques que si l'une de ces causes seules avoit occasionné la maladie. Le danger variera encore à raison de chaque cause séparément, lorsqu'il n'y en aura qu'une seule qui aura agi : par exemple, il y a plus à craindre lorsqu'elle survient à la suite d'un épuisement avec les femmes que si c'est à la suite d'une autre cause.

On a deux indications principales à remplir dans la curation de cette maladie : La première, de faire cesser l'érétisme, en produisant un relâchement dans les solides ; & la seconde, de diminuer la masse & le volume des liquides.

Pour satisfaire à ces deux indications, il sembleroit qu'on n'a rien de mieux à faire que de saigner coup sur coup ; cependant, quoique la saignée soit un bon remède dans cette maladie, il ne faut pas tirer beaucoup de sang ; & l'expérience a fait voir que les saignées multipliées n'ont pas de succès. Les nausées & les vomissemens de matière bilieuse & porracée pourroient faire penser que la Nature indique l'usage des émétiques ; les personnes peu instruites seroient tentées de regarder les sueurs dans lesquelles les malades sont quelquefois dans le premier ou le deuxième jour, comme une indication pour les remèdes sudorifiques : il faut bien se garder de mettre en usage & les émétiques & les sudorifiques. Dans ce cas, ils sont très-souvent mortels ; les vomissemens viennent presque toujours d'irritation & rarement de plénitude ; les sueurs sont toujours symptomatiques dans les premiers temps, & elles ne sont jamais critiques, excepté qu'elles ne surviennent après le quatrième jour. L'usage des purgatifs est très-pernicieux ; les cordiaux & les narcotiques, quels que soient les accidens qui paroissent les exiger, doivent être proscrits du traitement. Il vaut mieux ne rien faire, que de se permettre des choses inutiles ou nuisibles. C'est déjà beaucoup en Médecine que de savoir ce qu'il faut éviter ; mais que faire, dira-t-on, dans cette maladie ! Peu de chose; il faut attendre la crise de la Nature, & cette crise est un dévoiement bilieux: c'est presque la seule voie de dépuration que la Nature ait, encore ne faut-il pas la troubler par des remèdes qui sembleroient même favoriser cette crise. On n'abandonnera cependant pas tout-à-fait la Nature à elle-même dans cette circonstance; car quoique cette maladie exige peu de remèdes, il y a quelques secours qu'on peut tenter sans crainte, & voici comment on doit se conduire dans cette maladie.

A cause de la température du climat de Saint-Domingue & de la grande raréfaction du sang, on fera le premier ou le second jour deux saignées seulement, sans avoir égard au vomissement & aux sueurs; il n'y a que le dévoiement bilieux qui puisse empêcher de mettre ce remède en usage: on fera boire copieusement le malade, & sa boisson sera adoucissante & rafraîchissante, comme l'eau de poulet nitrée ou quelque apozème de même nature. Les boissons acidulées seront données à grandes doses, pourvu qu'elles soient légères; elles tempèrent un peu la soif du malade, modèrent l'acrimonie de la bile, & peuvent produire du côté du foie, une espèce de relâchement propre à seconder la crise, qui est l'écoulement de la bile : les acides végétaux délayés dans une grande quantité d'eau, peuvent encore, en rencontrant quelques particules de bile alkalisée, s'y unir & lâcher doucement le ventre. Ces remèdes doivent être mis en usage avec d'autant plus de sûreté, que la chaleur du climat est plus considérable. Les acides qui conviennent le mieux, sont ceux de l'orange, du limon & de l'ananas ; il n'y a pas de pincement & de crispation à appréhender de ces acides, lorsqu'ils sont suffisamment noyés.

Pendant que le malade s'inondera, pour ainsi dire, l'intérieur avec de l'eau de poulet émulsionnée & un peu nitrée, avec quelque apozème adoucissant & acidulé par le moyen du suc d'orange, de limon ou d'ananas, on lui fera prendre, pendant le même temps, des lavemens quatre à cinq fois le jour avec la décoction de feuilles de raquettes ou de quelqu'autre plante émolliente, à laquelle on joint un gros ou deux de cristal minéral. Les applications émollientes à l'extérieur, sur le ventre, sur les hypocondres, seront utiles; on pourra faire aussi des embrocations d'huile d'olive récente sur ces parties, & si la Nature parvient, à l'aide de ces secours, à opérer vers le quatrième jour une évacuation de matière bilieuse, la crise est bonne, & l'on peut croire que le malade est sauvé : c'est dans ce moment-ci qu'on peut aider la Nature, qu'on peut faire prendre au malade un purgatif léger; encore faut-il ne jamais se le permettre trop tôt, sur-tout lorsqu'on voit que la Nature fait bien l'ouvrage qu'elle a commencé. Je l'ai dit, je le répète, c'est la crise la plus ordinaire, elle est même presque la seule qu'il faille attendre, & qui soit salutaire : il survient assez souvent des hémorragies dans cette fièvre ; mais elles surviennent avant le quatrième jour, où elles sont peu considérables, & par cette raison les malades s'en trouvent rarement soulagés. Ces hémorragies peuvent cependant être quelquefois une crise heureuse; mais c'est lorsque l'évacuation est grande, qu'elle se fait par les narines, & le quatrième ou le cinquième jour seulement.

On peut en dire autant des fueurs; pour qu'elles tendent au foulagement du malade, il faut qu'elles foient copieufes, qu'elles n'aient pas lieu avant le temps indiqué, & qu'elles foient précédées par la mollefſe du pouls, ce qui annonce la chute de l'érétifme.

Il feroit à fouhaiter que les malades parvinffent jufqu'au temps où la Nature fait fa crife; mais ce qu'il y a de fâcheux, c'eft que la plupart de ceux qui font attaqués de cette maladie meurent avant le quatrième jour. Ils guériffent d'ordinaire lorfqu'ils vont jufqu'au feptième. Voilà à peu-près ce qu'on peut dire fur le traitement d'une maladie très-grave qui fe voit quelquefois à Saint-Domingue; heureufement elle n'y eft pas fi commune que la maladie dont je vais faire la defcription.

Outre la fièvre ardente, ceux qui paffent de France à Saint-Domingue y font fujets à une autre efpèce de fièvre qui s'annonce à peu-près par les mêmes fymptômes qui caractérifent le *caufos;* il n'y a (pour ainfi dire) de différence entre ces deux maladies, qu'en ce que dans cette dernière fièvre les accidens ne font pas tout-à-fait fi dangereux que dans la fièvre ardente; de forte qu'on peut la regarder en quelque façon comme un diminutif du *caufos* ou comme une fièvre ardente bâtarde. Les nouveaux venus à Saint-Domingue font prefque affurés d'être attaqués de cette maladie; mais elle eft plus ou moins funefte à raifon des fymptômes & des accidens qui l'accompagnent. Ils font quelquefois très-confidérables, & quelquefois ils le font affez peu pour ne laiffer entrevoir aucun danger. Cette maladie va ordinairement jufqu'au neuvième jour & ne paffe prefque jamais le treizième ou le quinzième. Son plus grand danger eft du quatre au feptième; c'eft dans cet intervalle que les malades périffent le plus fouvent. Ils ne font pas en petit nombre, & cela par l'impéritie de ceux qui les traitent; car je puis affurer, d'après ma propre expérience, que peu de perfonnes mourroient de cette maladie, fi on les traitoit méthodiquement.

La maladie dont il eft queftion s'annonce d'abord par un mal de tête, par des douleurs dans la région des lombes; un friffon fe fait quelquefois fentir dans le même temps; on est d'une lassitude extrême & dans un accablement très-grand; le malade a une espèce de difficulté de respirer; il est altéré; la fièvre survient, & elle est bientôt très-forte; la chaleur augmente & parvient en peu de temps à un degré presque aussi fort que dans la fièvre ardente; toujours est-il certain qu'en touchant les malades, à peine peut-on tenir la main sur eux; la soif augmente au point qu'ils voudroient toujours boire, le ventre devient tendu & douloureux; on éprouve une douleur vers le cartilage xiphoïde, & il survient des nausées & un vomissement de matière bilieuse porracée.

Il est surprenant de voir avec quelle promptitude tous ces accidens se succèdent & combien peu de temps ils mettent pour acquérir beaucoup d'intensité. Douze, dix-huit heures ou un jour au plus suffisent pour que tous ces symptômes soient à leur dernier période; les yeux deviennent ensuite un peu rouges & larmoyans, les urines sont blanches, les malades ont un délire obscur & sont dans des anxiétés & des inquiétudes continuelles; la langue devient sèche, d'un rouge vif & rarement noire, à moins que la maladie ne tourne mal. Le troisième jour il y a ordinairement un redoublement ; le pouls depuis le commencement est ample & fort ; il baisse quelquefois un peu le quatrième jour & devient même souvent convulsif. Le coma succède promptement à cet état du pouls; pour lors le malade est dans un très-grand danger, & il meurt ordinairement le cinquième ou le sixième jour.

Mais si le pouls se soutient, si le malade ne tombe pas dans le coma le quatrième ou le cinquième jour, on peut espérer qu'il se fera une crise favorable : c'est quelquefois une sueur abondante ou une hémorragie copieuse par les narines, mais plus souvent une évacuation bilieuse par les selles qui fait cesser les dangers de la maladie. La crise se fait toujours les jours impairs, & elle n'est jamais salutaire si elle arrive avant le cinquième jour; c'est à quoi il faut avoir spécialement attention dans le traitement de cette maladie, afin de ne pas troubler la Nature dans ses opérations.

Cette maladie, comme l'on voit, tient de fort

fort près à la fièvre ardente ; ce n'est cependant que lorsque les accidens sont portés au plus haut degré, & cela n'arrive pas toujours ; car il n'est pas rare de voir que cette fièvre approche plus de la synoque que du *causos*; de sorte qu'on peut dire que cette maladie garde un milieu entre la synoque & la fièvre ardente, & qu'elle tient tantôt à l'une & tantôt à l'autre, suivant le plus ou moins d'intensité des accidens qui l'accompagnent ; mais dans le temps même que tous les symptômes qui la caractérisent sont les plus graves, elle diffère toujours de la fièvre ardente, 1.° en ce que dans celle-ci les extrémités sont quelquefois froides, & que dans celle-là elles ne le sont jamais ; 2.° en ce que le coma survient dans la fièvre dont nous parlons, & qu'il est très-rarement un accident de la fièvre ardente ; 3.° en ce que, dans la fièvre ardente, la langue devient fort promptement noire & âpre, & que dans celle dont il est ici question, elle ne noircit que lorsque la maladie est mal traitée ; 4.° enfin elle diffère encore de la fièvre ardente en ce que ceux qui sont attaqués de cette dernière maladie meurent du

E

trois au quatrième, & que l'autre ne fait jamais périr avant le cinquième jour.

Cette maladie reconnoît les mêmes causes que j'ai dit devoir occasionner la fièvre ardente. On ne peut s'empêcher de considérer ici la chaleur qui règne à Saint-Domingue comme le principal agent qui produit cette maladie, puisque c'est un phénomène de voir quelqu'un se soustraire à la fièvre dont je parle; mais ce n'est cependant qu'une cause prédisposante qui n'agit pas toujours seule & qui exige quelquefois un concours de causes secondaires: en effet, il faut souvent que la fatigue, les exercices immodérés, l'ardeur du soleil à laquelle on s'expose, l'excès dans l'usage des liqueurs & dans l'acte vénérien se joignent à la chaleur ordinaire de l'air pour donner lieu à la fièvre dont il est ici question, ou bien il faut que la chaleur de l'air soit extrême, comme elle l'est à Saint-Domingue les mois de Juin, Juillet & Août, ou enfin il faut que, dans les autres saisons de l'année, les brises réglées de l'Est & de l'Ouest viennent à manquer pendant quelques jours: aussi est-ce dans ce temps-là ou après des exercices & des excès que les nouveaux venus sont attaqués de cette maladie.

La fièvre dont je parle pouvant être regardée comme une fièvre ardente bâtarde, on n'a (pour concevoir comment les causes que je lui assigne peuvent la produire) qu'à se rappeler ce qui a été dit ci-devant sur les effets de l'air en général & sur ceux que ce fluide, lorsqu'il est chaud, peut produire sur les liquides du corps humain, de même que les exercices immodérés, les veilles, &c.

Mais toutes ces causes ne sont encore que des causes éloignées qui, de même que dans la fièvre ardente, donnent lieu au développement d'une matière âcre, ou plutôt qui rendent la bile assez acrimonieuse pour faire entrer en érétisme le système nerveux & vasculeux. Les humeurs de ceux qui vont de France à Saint-Domingue (comme je l'ai déjà dit) doivent, dans un pays très-chaud, tendre un peu à l'alkalescence, 1.° à cause de la nature massive des parties intégrantes qui les constituent & qui, par cette raison, les rendent plus susceptibles de s'échauffer ; 2.° à cause de l'espèce d'aliment dont ils ont fait usage en France: or, si à ces causes d'alkalescence, qui sont la chaleur de l'air, la nature des sucs & l'espèce d'aliment dont on s'est nourri, on joint l'augmentation de la chaleur du nouveau climat qu'on habite, les exercices immodérés, les longs voyages & les sueurs abondantes qui en sont une suite nécessaire & qui privent le sang d'un véhicule dont il a besoin: si, dis-je, ces causes agissent séparément ou toutes ensemble, on verra que les sucs les plus susceptibles d'alkalescence doivent devenir acrimonieux. La bile étant celle de nos humeurs dont l'acrimonie peut le plus augmenter dans un espace de temps très-court, il est à présumer qu'elle devient âcre pendant que les causes éloignées agissent, & que c'est particulièrement elle qui, en parcourant par la suite les voies de la circulation, agace, irrite les vaisseaux & les nerfs & produit un érétisme général qui donne bientôt lieu à cette maladie & à tous les accidens qui l'accompagnent. Mais, soit moindre intensité dans les causes éloignées qui agissent, soit moindre épaississement dans les humeurs, la bile ne devient pas si acrimonieuse que lorsqu'elle produit la fièvre ardente ; ou bien, si elle acquiert autant d'acrimonie que dans le *causos*, il faut nécessairement qu'il y ait de la part du système vasculeux & nerveux moins de disposition à l'érétisme.

Les symptômes effrayans qui accompagnent cette maladie font assez voir que ceux qui en sont attaqués doivent courir des dangers, & la mort de nombre de malades en est une preuve bien certaine ; cependant il faut convenir (& c'est toujours l'expérience qui me fait parler de la sorte) que le péril vient autant du mauvais traitement que de la maladie prise en elle-même. Mais à considérer cette fièvre, sans avoir égard au traitement, elle laisse entrevoir des risques plus ou moins grands de la fièvre ardente par la gravité des symptômes & des accidens qui l'accompagnent & à raison du sexe, de l'âge, du tempérament & du concours des causes éloignées qui l'ont produite.

Si les symptômes qui caractérisent cette maladie sont à peu-près aussi graves que ceux qui font reconnoître la vraie fièvre ardente, on doit trembler pour les malades ; mais si

E iij

le peu de violence des symptômes rapproche cette maladie de la synoque simple, elle n'est pas redoutable; si le vomissement, la douleur dans la région du diaphragme, du ventre, &c. augmentent ou restent dans le même état, malgré les remèdes indiqués; si les autres accidens se soutiennent dans leur violence après le quatrième jour, & si enfin le malade tombe dans le coma, il est dans un danger très-grand.

Quant au sexe, à l'âge, au tempérament & au concours des causes qui peuvent produire cette maladie, on a dit, en parlant de la fièvre ardente, quels étoient les risques relatifs à tous ces objets.

Cette maladie, en général, est fâcheuse; & pour en porter un pronostic sûr, il faut considérer qu'il n'y a qu'une crise qui puisse la terminer avantageusement; ce seront des sueurs abondantes, une hémorragie copieuse par les narines ou une évacuation de bile par les selles. Ces évacuations cependant, qui emportent très-souvent la maladie, ne sont avantageuses que quand elles sont abondantes & quand elles surviennent un jour impair &

après le quatrième. Si elles arrivent avant ce temps, elles sont assez ordinairement suivies de la mort, parce que ces excrétions prématurées ne sont que l'effet d'une irritation portée au plus haut degré, & jamais elles ne sont le produit d'une bonne coction.

C'est ici où la doctrine des Anciens sur les crises, doit être le guide de la conduite du Médecin, afin que les désordres & les accidens plus graves dans le moment des crises, ne lui fassent pas faire des remèdes à contretemps, & afin qu'il ne porte pas un mauvais pronostic, fondé seulement sur des accidens & des désordres passagers. Mais parmi les voies que la Nature se ménage pour expulser les matières étrangères qui lui nuisent, c'est la voie des selles qui est la plus commune, la plus avantageuse & la plus sûre. Si dans cette maladie il survient le cinquième ou le septième jour un écoulement de matière bilieuse, si cette évacuation est précédée par une sueur assez considérable, qui annonce la chute de l'érétisme, on est presque assuré que le malade en relevera pourvu que le traitement soit méthodique. Le bon état dans lequel on se

E iv

trouve après les évacuations critiques, abondantes, & qui ne surviennent pas prématurément, fait qu'on peut porter un pronostic consolant pour le malade.

Il seroit inutile de s'étendre davantage sur cette fièvre, sur ses causes, sur les accidens qui l'accompagnent, sur les dangers que courent ceux qu'elle attaque, & sur le bon ou mauvais pronostic qu'on peut en porter. La maladie est assez connue, & on ne la confondra sûrement pas avec une autre dans le pays où elle règne.

Ce qui intéresse de plus près les malades, c'est la curation, c'est le traitement méthodique, c'est d'exposer les moyens qu'il faut mettre en usage pour guérir presque sûrement tous ceux qui éprouvent une maladie assez souvent mortelle; voilà mon but, & je vais tâcher de le remplir.

Les indications que cette maladie présente, sont de faire cesser l'érétisme, de diminuer l'épaississement des humeurs, de modérer l'action des solides, de tempérer la chaleur excessive, & d'adoucir l'acrimonie de la bile & des humeurs. Ces indications pourroient être réduites à deux : savoir, de faire tomber l'érétifme, & d'adoucir l'acrimonie des humeurs, puifqu'en fatisfaifant à ces deux indications, on fatisfait également à toutes les autres.

On remplira ces deux indications principales, & toutes celles qui leur font fubordonnées, par les faignées du bras plus ou moins multipliées, par les boiffons délayantes & acidulées, par les lavemens émolliens, & enfin par des purgatifs donnés dans des temps convenables. Le traitement, comme on voit, n'eft pas fort étendu & fort difficile ; c'eft cependant de la jufte application de la petite quantité de moyens que je viens d'indiquer, que dépend la conservation des malades ; il fuffit donc d'expofer ici l'ordre qu'on doit fuivre dans la curation d'une maladie que j'ai traitée avec le plus grand fuccès.

Pendant le premier & le fecond jour de la maladie, lorfque le mal de tête, les douleurs dans les reins, dans la région du diaphragme font confidérables, lorfque le ventre eft tendu & douloureux, & que la chaleur eft extrême, lorfque la foif eft preffante, &

qu'il y a sueurs, nausées & vomissement d'humeur porracée, &c. il faut faire des saignées de deux palettes seulement, de peur de jeter le malade dans un état d'affaissement & de trop grande foiblesse; mais aussi, il faut les multiplier jusqu'à cinq ou six dans ces deux premiers jours, en observant de les rapprocher, lorsque les accidens l'exigeront, & cela sans avoir égard aux sueurs & au vomissement. Les sueurs, dans ce temps, sont symptomatiques, & il faut bien se donner de garde de les exciter par aucun moyen, de même que le vomissement, qui est produit par une irritation dans l'estomac, & par l'état de phlogose & d'érétisme dans lequel ce viscère se trouve. Il est aisé de concevoir comment l'estomac souffre irritation, & comment cette irritation peut produire des nausées & des vomissemens. Les humeurs étant très-acrimonieuses dans cette maladie, & la bile étant alkalescente par les raisons que j'ai déjà rapportées, on ne doit pas être surpris que l'esprit vital participe à l'espèce d'acrimonie dont se ressent le liquide duquel il est séparé dans le cerveau. Or, d'après cette vérité à laquelle on ne peut se refuser, il est naturel de penser que le fluide qui parcourt les nerfs du plexus gastrique, participant à l'acrimonie générale des humeurs, irritera les tuniques de l'estomac, & donnera lieu à des nausées & à des vomissemens. L'acrimonie de l'esprit vital ne sera pas ici le seul agent; le suc gastrique étant de même nature que les autres liquides, il concourra à augmenter l'irritation & ses effets; mais ce ne sera pas dans une abondance de crudités contenues dans les premières voies, qu'il faudra chercher la cause des nausées & des vomissemens: ni dans les remèdes vomitifs qu'il faudra chercher des secours: car bien loin de faire cesser l'irritation, l'érétisme & la phlogose de l'estomac, les émétiques ne peuvent qu'augmenter les désordres; c'est pourquoi ce genre de remède doit être absolument proscrit du traitement de cette maladie. En effet, rien ne m'a paru si condamnable & si pernicieux que l'émétique; aussi suis-je très-convaincu que l'usage qu'on en fait, dans certains cantons de l'île, est la cause de la mort de plusieurs malades, parce que ceux qui l'emploient, faute d'être instruits, croient que les naufées & les vomiffemens indiquent la néceffité de recourir à ce remède. Le vomiffement même, bien loin d'être une contre-indication à la faignée, eft précifément ce qui doit guider le Médecin ; il fera faigner tant que le vomiffement durera, & dès qu'il fera ceffé (ce qui arrive ordinairement après trois, quatre ou cinq petites faignées) on aura en partie fatisfait à l'indication de faire tomber l'érétifme. La faignée eft réellement un excellent moyen pour produire cet effet, & le figne le plus certain qu'on puiffe avoir de fon efficacité dans ce cas, c'eft la ceffation du vomiffement. Le Médecin fera encore parvenu par ce feul fecours à diminuer l'épaif-fiffement des humeurs, à tempérer la chaleur, & à modérer l'action des folides.

Mais fi je dis qu'il faut faigner, je veux que ce foit toujours du bras, & jamais du pied pour peu qu'il y ait de tenfion dans le bas-ventre, parce que, conjointement avec la douleur qu'on y fent & celle que le malade fouffre dans les environs du diaphragme, cette tenfion ne laiffe entrevoir qu'un danger extrême de l'ufage de cette faignée; elle doit être en effet d'autant plus préjudiciable pour lors, qu'elle augmente la phlogose dans les viscères contenus dans l'abdomen : c'est encore ici un mauvais point de pratique de la plupart de ceux qui voient les malades à Saint-Domingue; le mal de tête leur en impose, ils saignent du pied & les malades périssent. Ils ne voient pas que la douleur de tête n'est ordinairement que symptomatique & que le siége principal de la maladie est presque toujours du côté du bas-ventre, du foie, du diaphragme & de l'estomac, ce qui est une contre-indication manifeste à cette saignée ; en effet, si l'on considère que le sang qui sort par la saphène, étant enlevé à la veine-cave inférieure, ne fait que diminuer le mouvement progressif du sang qui parcourt cette veine, on verra que cette même veine, privée d'une portion de sang qui devoit lui être transmise & de la force pulsative qui auroit dû le pousser jusqu'au cœur, ne se dégorgera pas dans l'oreillette droite du cœur avec la même facilité qu'auparavant, à cause de la plus grande résistance qu'elle rencontre de la part de la veine-cave descendante dont la force pulfative n'aura pas varié : or les veines émulgentes, gaftriques, mézéraïques, hépatiques, &c. qui fe rendent immédiatement ou médiatement dans la veine-cave afcendante, ne devront trouver (par le moyen de la faignée du pied) qu'une difficulté plus grande à s'y dégorger. Pour lors, bien-loin de produire, dans les parties d'où ces veines viennent, une révulfion propre à en diminuer la tenfion & la phlogofe, on y occafionnera une efpèce de dérivation qui ne pourra qu'augmenter l'engorgement & le défordre, & cela en rendant le retour du fang plus difficile par la veine-cave afcendante. Il n'y a qu'une circonftance où la faignée du pied doive être pratiquée, c'eft lorfque le mal de tête eft violent fans qu'il y ait ni douleur ni tenfion dans le bas-ventre, dans les hypocondres & dans la région du diaphragme ; mais il faut convenir que cette circonftance eft bien rare.

Dès qu'on aura fait ceffer le vomiffement, les boiffons qui étoient un fecours prefque inutile, feront mifes en ufage avec fuccès : dans cette vue on fera boire copieufement le malade d'un apozème fait avec les plantes adoucissantes du pays, & pour le rendre un peu tempérant & rafraîchissant, on y joindra du nitre purifié à petite dose ; mais par-dessus tout on fera usage d'une légère limonade faite avec le limon, l'orange sauvage & particulièrement avec l'ananas. Le malade sera réduit, pour toute nourriture à l'eau de poulet émulsionnée avec les semences froides. Par tous ces moyens on détrempera le sang, on tempèrera la chaleur des liquides & on modèrera l'acrimonie de la bile. Pendant tout ce temps, le malade prendra quatre fois par jour une prise de poudre faite avec six grains de nitre purifié & deux grains de camphre, & boira par-dessus un verre de limonade ou d'eau de Poulet.

Les lavemens ne seront pas non plus négligés ; on en fera prendre quatre ou cinq par jour, & ils seront faits ; les premiers jours, avec la seule décoction de raquette ; & dès que l'érétisme sera un peu tombé, on ajoutera sur chaque lavement un gros & demi de crystal minéral, & on en continuera constamment l'usage jusqu'à ce qu'il n'y ait plus de danger ; mais on diminuera leur nombre suivant qu'ils paroîtront moins utiles.

Après avoir fait saigner suffisamment les malades & les avoir mis à l'usage de l'eau de poulet pour toute nourriture & à celui de quelque apozème adoucissant nitré ou de la limonade légère pour boisson, on attendra la crise; ce qui termine presque toujours la maladie, ce sont des déjections bilieuses annoncées par une sueur assez abondante & presque générale & par un pouls souple, mou & égal. Le reste du traitement se dirige relativement à l'espèce d'évacuation qui se fait.

Lorsqu'on voit que la fièvre diminue & que les accidens baissent après ces déjections bilieuses, il faut laisser agir la Nature & ne pas trop se presser de donner des purgatifs. Ce ne sera guère qu'à la disparition de la fièvre qu'on aura recours à ce genre de remèdes; on purgera avec une décoction d'une once de quinquina à laquelle on ajoute demi-once de sel d'Epsom. Cette décoction se prend en trois ou quatre verres, à des distances plus ou moins grandes, selon l'effet. On s'en tiendra même aux deux premiers verres, s'ils produisent une évacuation suffisante; car il est bon d'observer ici qu'on doit éviter dans

ce

ce pays-là les grandes évacuations par les selles. Le remède que je propose est un purgatif tonique qui réussit à merveille. Il soutient, en purgeant, l'action des solides affoiblie par la maladie & par les saignées. On ne doit donc jamais purger autrement dans la terminaison de la maladie & pendant la convalescence.

Si après le quatrième jour il survenoit une hémorragie par le nez qui fît cesser la grande violence des accidens, il faudroit toujours insister sur l'usage du camphre & du nitre, employer les boissons désignées ci-devant, donner des lavemens & ne se décider à purger que lorsque la fièvre sera beaucoup diminuée. Pour lors on aura recours au quinquina purgatif qui est la seule médecine dont on se permettra l'usage.

On suivra le même ordre si une sueur abondante survient dans le temps convenable & fait cesser les dangers de la maladie; la limonade légère, les lavemens, &c. seront continués, & on attendra que la fièvre soit très-légère ou que la Nature l'indique par une évacuation de matière bilieuse pour recourir au purgatif indiqué.

F.

qu'ils agissent avec efficacité, on fera de grands emplâtres & ils seront chargés de beaucoup de cantharides.

C'est dans ce cas-ci qu'on peut donner au malade des cordiaux stimulans propres à relever un peu le sentiment des nerfs & l'action organique des vaisseaux, & cela afin de favoriser l'action des véficatoires qui sont le seul moyen auquel il faille recourir.

Si leur application ne fait pas tout l'effet qu'on doit en attendre, le malade ne laisse aucun espoir; mais si l'on est parvenu par ce moyen à le réveiller, on peut bien augurer pour lui. Il faut cependant se tenir en garde contre la rechute : dans cette vue, on fait beaucoup suppurer les véficatoires en les pansant avec le *basilicum* qu'on saupoudre quelquefois de cantharides, pour entretenir & augmenter la suppuration, selon que les circonstances l'exigent.

Dès que cet accident est paré, on attend la crise avec d'autant plus de sécurité, que la suppuration qui se fait & qu'on entretient est une crise artificielle qui termine assez souvent la maladie sans le secours d'aucune autre excrétion sensible. Les vésicatoires sont d'autant mieux indiqués ici, que le coma qui survient dépend d'un relâchement dans le système nerveux, de l'affaissement & de l'état d'atonie dans lesquels tombent les vaisseaux, tant par rapport à la grande raréfaction des liquides qui les ont distendus outre-mesure pendant long-temps, que par rapport aux saignées multipliées qu'on a été obligé de faire au malade. L'épuisement des esprits animaux entre sans doute encore pour beaucoup dans les causes qui produisent le coma.

Dans ce cas, par l'irritation que les cantharides portent sur les houpes nerveuses, elles réveillent le sentiment, soutiennent l'action chancelante des solides, & la suppuration qui survient entraîne une portion de l'humeur âcre qui avoit donné lieu à la maladie; mais, pendant que la suppuration tend à diminuer les dangers de cette fièvre, les autres moyens ne doivent pas être négligés: les boissons copieuses acidulées, les lavemens adoucissans & légèrement purgatifs, le camphre, le nitre, &c. seront employés, & on aura recours aux purgatifs aussitôt que les évacuations ou la diminution de la fièvre indiqueront qu'ils peuvent être mis en usage sans crainte. Il y a encore ceci à observer dans le traitement de cette maladie, c'est de ne presque pas couvrir les malades, de leur tenir le tronc élevé dans leur lit & presque droit; c'est de renouveler l'air de la chambre & même de le rafraîchir par quelque moyen.

Voilà la méthode curative que j'ai suivie avec le plus grand succès; elle réussiroit sans doute aussi-bien dans d'autres mains que dans les miennes; du moins suis-je assuré qu'elle est fondée en raison & qu'elle est conforme à la saine Médecine ; mais que l'on saigne du pied dans cette maladie, parce qu'il y a douleur de tête; qu'on donne l'émétique, parce qu'il y a vomissement de matière bilieuse ou porracée, c'est ce qu'il y a de plus dangereux, ce sont des fautes grossières dont une infinité de malades ont été les malheureuses victimes.

Les cordiaux, les diaphorétiques, & en général tous les remèdes échauffans sont très-pernicieux dans une maladie où il ne faut que tempérer, & empêcher, en modérant la fougue des humeurs & la violence des accidens, que la Nature ne succombe avant que la crise ne survienne. Les narcotiques doivent être encore proscrits, parce que dans cette maladie on attend une crise, & que les narcotiques la suspendroient ou la détourneroient.

Le danger de la maladie étant passé, il faut s'occuper de la convalescence. Pour la rendre courte, le malade sera nourri avec des potages légers au riz, avec des alimens farineux fermentés; il mangera de la volaille, des compotes, &c. Les rechutes dans ce pays, sont autant & plus à craindre que la maladie: c'est pourquoi il faut pour les éviter, se ménager beaucoup sur la quantité des alimens qu'on prendra. On mangera peu le soir, & jamais de viande. Les œufs frais, qui en France font une partie de la nourriture des convalescens, sont souvent indigestes à Saint-Domingue. L'usage modéré du vin de Bordeaux est excellent pour soutenir & fortifier l'action de l'estomac. Il sera utile dans la convalescence de purger de temps en temps avec le quinquina purgatif, de se coucher de très-bonne heure, de se lever matin pour prendre l'air, & de s'abstenir des femmes ; mais sur-tout le convalescent montera à cheval le matin pendant deux heures, il ira habiter un endroit élevé, découvert, & où le vent souffle le plus : il évitera de se livrer trop tôt à des exercices un peu fatigans, & il ne s'exposera point à l'ardeur du soleil.

Dès que les nouveaux venus à Saint-Domingue ont échappé aux dangers de cette fièvre, ils n'y sont plus sujets, à moins qu'après avoir abandonné cette île pour aller vivre dans un pays tempéré, ils n'y reviennent long-temps après; ils se portent même ordinairement bien, pourvu qu'ils fassent un bon usage des six choses non naturelles, & en général on peut dire que ceux qui sont nés dans le pays, & ceux qui l'habitent depuis quelques années, y jouissent d'une santé pour le moins aussi constante qu'en Europe. On ne connoît pas même dans cette île plusieurs indispositions auxquelles on est exposé en France. Il n'y a qu'un petit nombre de maladies qui règnent à Saint-Domingue, & dont le traitement sera presque toujours heureux dans des mains habiles.

On peut donc dire avec raiſon que la maladie, dont je viens de parler, produit dans l'économie animale un déſordre qui tourne à l'avantage du malade lorſqu'il échappe au danger; en effet, cette maladie cauſe un tel changement dans les ſolides & les fluides, que les uns ont par la ſuite une action moins forte ſur les liquides, & que les autres ayant été renouvelés, pour ainſi dire, n'offrent aux ſolides qu'une réaction modérée, ce qui entretient un équilibre parfait.

OBSERVATIONS

Sur le Traitement des Fièvres de Saint-Domingue.

APRÈS avoir donné une Théorie raisonnée de la fièvre de Saint-Domingue qui attaque les nouveaux venus, & après avoir exposé le plan méthodique qu'on doit suivre dans le traitement de cette maladie, il me paroît très-utile d'ajouter ici quelques observations qui prouvent tout-à-la-fois, & la bonté du traitement que j'indique, & les dangers qu'il y a à courir pour ceux qui s'en écartent.

Première Observation.

EN 1749, au mois de Juin, M. de Calstelpers, ancien Capitaine dans le régiment de Chartres, âgé d'environ quarante-cinq ans, fut attaqué subitement d'une lassitude extrême, d'un mal de tête violent, avec douleur dans les reins & dans les membres, nausées, vomissemens de matière bilieuse porracée, chaleur ardente à la peau, fièvre très-aiguë, soif extrême & tous les autres symptômes qui caractérisent la fièvre à laquelle les nouveaux venus à Saint-Domingue sont sujets. Le second jour, tous les accidens se soutinrent & prirent même plus d'intensité; il y eut un redoublement très-fort le troisième jour, de même que le cinquième; le septième, il y eut aussi un redoublement, mais il fut très-modéré, & ce jour-là même la coction fut annoncée par une évacuation de matière bilieuse par les selles; il fut purgé dès le huitième jour avec le quinquina purgatif, parce que la fièvre étoit très-légère. Le dixième jour, il n'y en eut plus & la convalescence fut prompte.

Cette maladie, comme on le voit, a suivi exactement tous ses types; mais, soit que la maladie tînt plutôt à la synoque qu'à la fausse fièvre ardente, ainsi qu'on pouvoit le présumer, soit que les remèdes aient prévenu le coma; cet accident n'a pas eu lieu & les vésicatoires n'ont point été appliqués. Voici en quoi consista tout le traitement: le Malade fut saigné le premier & le second jour jusqu'à six fois, malgré les nausées & les vomissemens qui cessèrent par ce seul moyen; je lui fis ensuite boire copieusement d'une très-légère limonade; il fut mis à l'eau de poulet pour toute nourriture; on lui donna tous les jours deux lavemens adoucissans. J'évitai soigneusement de faire usage de remèdes émétiques & purgatifs: je n'eus recours à ces derniers que lorsque la coction s'annonça par une évacuation de matière bilieuse; pour lors, ainsi que je le prescris dans le corps de l'Ouvrage, je purgeai le Malade avec le quinquina purgatif, pour les raisons que j'en ai données.

Seconde Observation.

QUOIQUE la méthode curative que je prescris pour cette sorte de maladie soit la seule qu'il faille suivre, il y a cependant des circonstances où il faut s'en écarter à certains égards. En voici un exemple: M. de Saint-Simon, habitant de la plaine de Léogane, d'un tempérament un peu usé & âgé d'environ cinquante ans, fut attaqué de l'espèce de fièvre que j'ai désignée sous le nom de *fausse fièvre ardente*; tous les symptômes qui caractérisent cette maladie furent bientôt poussés au dernier degré, & dès le premier jour il tomba dans le coma. Je le trouvai dans cet état, le pouls étoit petit, ondulant, & à peine se réveilloit-il pour répondre aux questions qu'on lui faisoit. Dès le moment même je lui fis appliquer les vésicatoires sur les épaules; ils firent leur effet; le pouls se ranima & le malade revint de son assoupissement. Pour lors je me proposai de suivre le plan curatoire que j'indique: je lui fis faire trois petites saignées dans l'espace de trente heures; il but copieusement d'une légère limonade & il prit trois fois dans la journée un bol fait avec deux grains de camphre & six grains de nitre; on lui donna tous les jours deux lavemens & la diète fut observée d'une manière convenable; il y eut des redoublemens le troisième & le cinquième jour de la maladie: je fis suppurer abondamment les vésicatoires & j'attendis avec patience le temps où la Nature indiqueroit la nécessité de recourir aux purgatifs. Dès le septième jour il y eut une évacuation bilieuse par les selles; le huitième je purgeai le Malade avec le quinquina & le sel d'Epsom ; & il fut sans fièvre le onzième jour.

Il faut observer que cet exemple est une preuve bien certaine que, dans quelque temps que le coma survienne, il ne faut pas hésiter d'appliquer les vésicatoires ; ils sont en effet le meilleur moyen auquel on puisse recourir pour produire dans cette maladie une dépuration avantageuse.

Troisième Observation.

M. DE GALLOCHOT, Capitaine Rochelois, fut attaqué, en 1750, de la fièvre de Saint-Domingue avec tous les symptômes qui la caractérisent & dont j'ai fait l'énumération : on lui fit, par mon ordre, quatre petites saignées dans les deux premiers jours ; les nausées & les vomissemens disparurent ; les boissons délayantes acidulées, le camphre & le nitre, les lavemens adoucissans furent mis en usage jusqu'au septième jour de la maladie. Ce jour le redoublement fut très-fort, mais aussi dès cet instant la crise fut décidée. Il parut une sueur universelle qui fut suivie d'une évacuation bilieuse ; je me déterminai alors à le purger d'autant plus volontiers que la fièvre étoit très-modérée & qu'il y avoit une indication manifeste pour l'application d'un remède purgatif. Je me servis dans ce cas, comme dans les autres, de la décoction d'une once de quinquina dans laquelle je fis fondre une demi-once de sel d'Epsom; le malade fut bientôt hors de danger & la convalescence fut prompte.

Il faut avouer que le Malade dont il est ici question n'a pas eu cette fièvre dans le dernier degré de violence, & qu'il n'est pas tombé dans le coma; mais M. Gallochot avoit déjà fait huit ou dix voyages en Amérique, & s'y trouvoit par conséquent avec un tempérament un peu fait à ce climat.

Quatrième Observation.

EN 1750, un Marchand arrivé depuis six mois, demeurant dans la grande rue de Léogane, fut attaqué de la maladie ordinaire aux nouveaux venus. Les symptômes & les accidens qui l'accompagnèrent furent très-graves: je ne fus appelé que le sixième jour, & pour lors je le trouvai dans le coma depuis quinze heures. Malgré le peu d'espérance que j'avois de le tirer d'un état si dangereux, je crus entrevoir encore une ressource dans les véficatoires; je lui en fis aussitôt appliquer de larges emplâtres sur les épaules & aux cuisses. Les véficatoires firent leur effet; mais ce ne fut que vingt-quatre heures après que le malade revint de l'espèce de léthargie où il étoit. Dès-lors j'augurai bien pour lui; il fit un usage copieux des boissons légèrement acidulées & on lui donna quelques lavemens, &c. La fièvre fut très-modérée par la suite, & l'abondance de la suppuration à laquelle les véficatoires donnèrent lieu, & que j'entretenois, eut bientôt fait cesser cette fièvre & les accidens qui en étoient la suite. J'eus recours pour lors au purgatif dont j'ordonne l'usage; je le fis prendre trois fois au Malade & il fut promptement rétabli.

J'ignore quel avoit été le traitement qu'on lui avoit fait avant que je l'eusse vu; je sais seulement qu'il avoit été purgé le quatrième jour avec une eau de casse. Cet exemple est une preuve bien certaine du bon effet des véficatoires vésicatoires dans cette maladie lorsqu'elle est accompagnée du coma, & fait voir tout ce qu'on peut attendre de cette espèce de remède.

Cinquième Observation.

EN 1750, un Commis de Mrs Ché & Michel ayant été attaqué de la même maladie que ceux dont je viens de parler, je fus mandé pour le voir le huitième jour de la fièvre : les accidens avoient été jusque-là assez médiocres pour ne pas laisser entrevoir beaucoup de danger; il n'étoit pas même tombé dans le coma, & il y avoit tout à espérer pour lui; mais, ce malade ayant été purgé le jour que je le vis & avant qu'il y eût une indication qui annonçât qu'on pourroit sans crainte recourir à ce genre de remède, tous les accidens se renouvelèrent avec beaucoup de violence, & la Nature, fatiguée par plusieurs jours de maladie, succomba dès le soir même.

On peut conclure de cet exemple que les remèdes purgatifs ne doivent se donner dans cette maladie qu'avec beaucoup de circonspection, & qu'il y a tout à craindre de leur uſage, ſi on les emploie tant que la fièvre eſt encore un peu vive & tant que des évacuations bilieuſes, précédées d'une ſueur copieuſe, qui annoncent la chute de l'érétiſme, ne laiſſent pas entrevoir de ſûreté à employer les purgatifs. Ceci mérite la plus grande attention dans le traitement de l'eſpèce de fièvre dont je parle, & les fautes commiſes à cet égard ſont ſi fréquentes à Saint-Domingue, que je crois ne pas pouvoir revenir trop ſouvent ſur cet objet; on peut cependant ne pas regarder la médecine que ce malade prit comme ſeule cauſe de ſa mort, il y en eut une autre qui ne fut que ſoupçonnée, c'eſt d'avoir careſſé une Négreſſe la veille du jour qu'il fut purgé.

Sixième Obſervation.

UN jeune homme de la Rochelle, demeurant chez M. Delaumont, Négociant à Léogane, & nouvellement arrivé à Saint-Domingue, eut un mal de tête aſſez vif, avec des inquiétudes & un mal-aiſe inexprimable; la fièvre s'y joignit bientôt, la chaleur du corps devint brûlante pendant que les extrémités reſtoient froides; le malade avoit une soif que les boissons ne pouvoient pas tempérer, & la respiration étoit un peu difficile. Les nausées, les vomissemens de matière verdâtre en petite quantité & des autres boissons qu'on lui donnoit, une douleur vive dans les reins & dans la région du diaphragme augmentoient le nombre des symptômes. les yeux étoient vifs & un peu rouges; il y avoit insomnie & des anxiétés continuelles; la langue fut noire & raboteuse dès le second jour, & il y eut une hémorragie par le nez peu copieuse: ce malade éprouva dans le plus haut degré tous les symptômes & tous les accidens qui accompagnent la vraie fièvre ardente.

Je vis le malade le lendemain dans la matinée, c'est-à-dire, environ quinze heures après que la maladie eut commencé; je lui fis faire deux saignées dans le jour & je lui ordonnai pour boisson ordinaire une légère limonade: il prit quelques lavemens adoucissans. Le lendemain il fut saigné pour la troisième fois; mais, malgré ces secours, les déjections furent sanguinolentes, & le quatrième jour il mourut après avoir rendu par

G ij

les selles une copieuse quantité de sang noirâtre & d'une puanteur extrême.

Cette fièvre s'annonce par des symptômes si effrayans, & les accidens qui l'accompagnent parviennent en si peu de temps au dernier degré de violence, que (comme cette observation le prouve) le malade est enlevé avant que le Médecin ait eu le temps de faire & de tenter beaucoup de remèdes. C'est à raison de la violence de cette maladie & du peu de temps qu'elle laisse pour l'application des moyens propres à s'opposer aux désordres qui se passent dans l'économie animale, que tous les Auteurs qui ont traité de la fièvre ardente la regardent comme une des plus dangereuses maladies qu'on connoisse; & à cet égard il faut avouer de bonne foi que les exemples de guérison sont assez rares, mais aussi il faut convenir que cette maladie n'est pas fort commune, même dans les régions chaudes de l'Amérique, & qu'elle est encore infiniment moins fréquente dans les pays tempérés.

Septième Observation.

Un jeune homme de Moulins, recommandé

de Saint-Domingue.

à M. Beudet, tomba malade huit jours après son arrivée à Saint-Domingue. Dès le premier jour il eut tous les symptômes qui désignent l'espèce de fièvre qui attaque les nouveaux venus dans cette île. La chaleur étoit très-grande & la soif considérable; il étoit dans des sueurs continuelles; il avoit des nausées & il rendoit par le vomissement un peu d'humeur verdâtre. Le malade, outre un mal de tête, avoit le ventre un peu tendu & douloureux; il fut saigné deux fois du bras & une fois du pied par celui qui le voyoit; & dès le troisième jour, le Chirurgien, prenant le vomissement qui subsistoit pour une indication qui annonçoit la nécessité de recourir à l'émétique, lui fit prendre du tartre stibié dans le temps de la violence des accidens: je ne vis le malade que ce jour-là même; tous les accidens avoient encore été aggravés par l'usage d'un remède de cette nature; une saignée du bras que je fis faire devint inutile, & le malade mourut dès le soir même.

Cet exemple n'est pas le seul que j'aie de cette mauvaise méthode de traiter les malades, en leur faisant prendre de l'émétique,

& cela, disent ceux qui l'emploient, parce que le malade vomit un peu d'humeur bilieuse porracée; mais aussi de tous ceux à qui on a administré ce genre de remède, on n'en voit presque point qui échappent à la mort; & s'il y en a quelques-uns qui s'en tirent, après avoir pris de l'émétique, c'est que la maladie prise en elle-même ne présente absolument aucun danger, & encore arrive-t-il que, dans ces cas, l'irritation, qui est la suite de ce remède fait périr le malade ou lui fait courir les plus grands risques.

Huitième Observation.

MADAME Douillart me fit mander le troisième jour pour une maladie pareille à celle que je viens de décrire: elle avoit déjà été saignée trois fois du bras; je la fis saigner une quatrième; les redoublemens avoient été très-violens, le vomissement persistoit & les sueurs étoient excessives, de même que le reste des symptômes. Toutes ces considérations ne me retinrent point: j'insistai sur les saignées; j'en fis encore faire trois du bras, tant le quatrième que le cinquième jour de la maladie; j'ordonnai les boissons délayantes acidulées, la limonade légère en grande quantité; elle prit quatre fois par jour un bol fait avec six grains de nitre & deux grains de camphre, & on lui donna tous les jours deux ou trois lavemens adoucissans. Le vomissement cessa le quatrième jour, les sueurs furent moins abondantes, le coma ne survint point, quelques petites déjections s'annoncèrent le septième, & tous les accidens diminuèrent insensiblement; elle fut purgée le neuvième jour, comme je le prescris, & le dixième il n'y eut plus de fièvre.

Il faut observer que, par les raisons que j'en ai données dans le temps, les femmes courent moins de risques dans cette maladie que les hommes.

Neuvième Observation.

Le fils de M. Boissonnière, habitant du Port-au-Prince, âgé d'environ dix-huit ans, & étant depuis un mois de retour de France où il avoit demeuré plusieurs années, fut attaqué de la maladie des nouveaux venus. La fièvre fut très-aiguë, la chaleur, la soif, le mal-aise étoient poussés à l'extrême; il y avoit des nausées & de petits vomissemens; la sueur étoit abondante, la respiration gênée, & tous les symptômes qui caractérisent cette maladie furent très-graves.

Les deux premiers jours, je lui fis faire six petites saignées du bras; les sueurs furent calmées & le vomissement cessa par ce moyen; je recommandai une diète exacte & l'usage copieux des boissons légèrement acidulées; les bols de camphre & de nitre furent employés; mais, malgré tous ces secours, j'eus dès le quatrième jour des notions certaines que le coma alloit survenir. Une espèce d'intermittence que je reconnus dans le pouls, jointe à de légers mouvemens convulsifs, m'annonçoit cet accident. Dans l'instant même je fis appliquer au malade de larges emplâtres vésicatoires sur les épaules; ils furent levés dix heures après; la douleur qu'ils occasionnèrent pendant leur action empêcha l'assoupissement commençant. Ce remède produisit les plus grands effets; la suppuration fut abondante; je la fis entretenir & j'eus toujours soin de faire boire copieusement le malade.

Les accidens diminuèrent peu-à-peu, de même que la fièvre qui me permit de le purger le huitième jour. Elle fut entièrement dissipée le dixième : je le purgeai encore deux fois pendant sa convalescence, & le rétablissement fut bientôt parfait.

Dixième Observation.

MADAME Morinière, habitante du Cul-de-sac, nouvellement de retour de France où elle avoit demeuré dix ans, fut assaillie de la fièvre ordinaire à ceux qui quittent un pays tempéré pour passer à Saint-Domingue. Le mal de tête, la chaleur, la soif, la douleur dans la région des lombes & la fièvre furent extrêmes. Il y eut dès le premier jour des nausées & des petits vomissemens d'humeur verdâtre ; les sueurs étoient considérables, la respiration se faisoit avec peine & le ventre étoit tendu & douloureux lorsqu'on le touchoit. Tous ces accidens prirent beaucoup d'intensité, tant à cause de la foible constitution de la malade, que par rapport à la répugnance qu'elle avoit pour la petite quantité de remèdes qu'exige le traitement de cette maladie.

Je ne crus point recontrer dans le vomissement & les sueurs une contre-indication à la saignée; au contraire, je crus que ces accidens m'en indiquoient la nécessité; c'est pourquoi je la fis saigner quatre fois du bras les deux premiers jours, & j'ordonnai pour boisson une limonade légère; je recommandai les lavemens adoucissans & quatre fois par jour l'usage d'un bol avec le camphre & le nitre. Mais sa répugnance fit qu'elle n'usa pas exactement de ce remède; la fièvre continua d'être très-vive; le coma ne survint cependant point, malgré la violence des redoublemens qui furent très-forts sur-tout les jours impairs. Celui du septième jour fut accompagné d'un mal-aise & d'un accablement extrême; néanmoins dès ce moment la fièvre & les accidens commencèrent à se modérer; quelques petites déjections bilieuses survinrent, & la malade fut hors de danger le onzième jour. Je la purgeai ensuite avec le quinquina & le sel d'Epsom. Cette purgation fut répétée & elle produisit toujours de bons effets dans la convalescence qui fut plus longue qu'elle ne l'est communément dans cette maladie.

Onzième Observation.

MADEMOISELLE Leger, belle-sœur de M. de Saint-Simon, ressentit dans un degré violent tous les symptômes & accidens qui caractérisent la fièvre qui attaque communément les nouveaux venus à Saint-Domingue. Le mal de tête étoit insupportable, la chaleur & la soif étoient très-grandes; il y avoit des sueurs abondantes, des nausées, des vomissemens, douleurs dans les régions lombaires; les redoublemens furent très-forts, & ils étoient effrayans les jours impairs. Elle fut saignée six fois dans les deux premiers jours; les boissons & les autres remèdes furent, pendant le cours de cette maladie, les mêmes que ceux que j'indique pour le traitement de cette fièvre; le coma n'eut pas lieu; la fièvre & les accidens diminuèrent peu-à-peu environ le huitième jour, temps auquel il commença à survenir quelques évacuations bilieuses par les selles; le purgatif ordinaire fut mis en usage & la guérison fut prompte.

Douzième Observation.

UN Commis de M. de la Haye, Négociant

à Léogane, fut attaqué de l'espèce de fièvre à laquelle sont communément exposés les Européens qui passent à Saint-Domingue; les symptômes & les accidens parvinrent à un degré de violence assez fort & les redoublemens étoient très-orageux.

La méthode curative que je prescris fut employée; les accidens diminuèrent, & le septième jour de la maladie, il se trouvoit assez bien pour faire présumer qu'il pourroit être purgé le lendemain. Le huitième, à la visite du matin, je fus surpris de voir que les accidens s'étoient renouvelés & que la fièvre étoit trop vive pour permettre de lui faire prendre médecine. A la chute du redoublement le malade mourut. Je sus alors que sa Négresse lui avoit donné du vin la veille, à trois différentes fois, ce qui fut la seule cause de sa mort.

On voit en effet, d'après ce que j'ai dit des causes éloignées & prochaines de cette maladie & des désordres qui se passent dans l'économie animale, que les liqueurs spiritueuses ne peuvent jamais être prises impunément tant qu'il y a de la fièvre : le vin, comme je l'ai dit, ne convient que dans la convalescence, encore faut-il toujours être modéré sur la quantité qu'on en prend.

Je pourrois citer un plus grand nombre d'exemples pour faire valoir la bonté de la méthode curative que j'ai employée dans cette maladie; mais ils me paroiſſent d'autant plus inutiles ici, que cette fièvre étant toujours à peu-près la même, je ne pourrois m'empêcher de retomber dans des répétitions ennuyeuſes. Les Obſervations que je viens de rapporter, me paroiſſent d'ailleurs ſuffiſantes pour affermir les Praticiens dans la conduite qu'ils doivent tenir. Ce ſera à eux à apporter dans le traitement les variétés que des circonſtances particulières pourroient exiger.

MÉMOIRE

Sur les avantages qu'il y auroit à changer la nourriture des Gens de mer.

JE crois avoir prouvé dans mon Traité des Maladies des Gens de mer, que les falaisons dont les Matelots font usage sont une des principales causes du scorbut & des autres maladies qui les affligent. Le plus grand nombre des Médecins, des Chirurgiens sont pénétrés de cette vérité, & les Officiers de Marine en paroissent convaincus; mais il reste encore quelques partisans de l'ancien régime qu'il faut convaincre de l'utilité & des avantages de la nourriture végétale.

Il est du devoir d'un Citoyen de se roidir contre tous les obstacles qu'il rencontre à faire le bien ; il doit sur-tout le montrer aux Hommes qui tiennent entre leurs mains le sort des Peuples & des États, à ces Hommes qui, au-dessus du petit intérêt qui divise les Particuliers en factions acharnées les unes contre les autres, jugent toujours sainement des objets qu'on leur préfente & les font tourner à l'avantage général. C'est ce qui m'engage à donner un précis, tant de ce que j'ai dit ailleurs fur l'excellence du régime végétal pour les Marins, que des nouvelles obfervations qui me font parvenues par la voie des correfpondances que j'ai entretenues avec des Médecins de la Marine & avec plufieurs Chirurgiens des Vaiffeaux qui ont fuivi cet objet avec une attention fcrupuleufe, & cela fuivant l'intention d'un Miniftre qui n'a pas befoin de mon éloge. Mais, pour tâcher de rendre ce Mémoire tout-à-la-fois utile & intéreffant, il convient, fans doute, de commencer par une courte analyfe des produits des fubftances animales & végétales, afin de pouvoir tirer, d'après ceux qu'elles fourniffent, des conféquences propres à déterminer, avec connoiffance de caufe, le choix de l'une ou de l'autre de ces fubftances relativement aux circonftances.

Les végétaux & les animaux font compofés des mêmes principes, leur agrégation & leur atténuation, dans ces deux règnes, font feulement différentes. On eft forcé de convenir que les animaux qui ne vivent que de végétaux ne doivent leur accroissement & leur existence qu'aux matériaux fournis par cette espèce d'alimens; mais ces matériaux subissent dans le corps de l'animal, pendant une circulation active accompagnée d'une chaleur à laquelle ils n'étoient point soumis dans le parenchyme des fruits, dans le tissu des plantes, &c. une élaboration, une atténuation qui tend à leur ôter leur première agrégation, à les désunir & à les rendre au réservoir général d'où, isolés, ils repassent à une nouvelle agrégation qui les met dans le cas de servir à la composition d'un nouvel individu; car que l'on ne s'imagine pas que les élémens, parmi lesquels on ne peut raisonnablement compter que le feu, l'eau & la terre, puissent jamais former les principes constitutifs des substances qui composent les trois règnes, sans une association, sans une agrégation préliminaire qui, variant à l'infini dans ses rapports, donne autant de différens principes qu'il y a d'espèces différentes. Ces élémens, dans les plantes, dans les végétaux, plus près du moment de leur agrégation, ont un plus

grand

grand degré de cohérence, d'affinité entr'eux; ils forment des principes plus fixes, quoique les individus fur lesquels on les observe soient souvent très-frêles & de peu de durée; le seul alkali fixe des végétaux qui ne change pas de nature, quoique poussé au plus grand feu, nous en fournit la preuve.

Mais que ces mêmes plantes, ces mêmes végétaux qui ne donnoient d'abord, dans la distillation, qu'un esprit acide, qu'une huile essentielle; & dans l'incinération, un alkali fixe, aient porté dans l'intérieur d'un animal les matériaux principes qui donnoient lieu à tous ces produits; alors tout change de face, ce sera en vain, que dans la distillation on attendra un esprit acide, une huile essentielle, & que dans l'incinération on cherchera un alkali fixe: tous les produits seront changés, on aura un alkali volatil, une huile empyreumatique fétide, & à l'incinération la terre crétacée & fixe qui avoit servi à donner de la consistance aux différentes pièces de l'édifice animal. Qu'on abandonne ces substances à leur mouvement spontané, au lieu de la fermentation spiritueuse ou acide que donnent

H

les végétaux, elles donnent une fermentation putride qui est le dernier terme de la décomposition, celui qui les attend tôt ou tard, & auquel ils ne sauroient échapper. On voit que cette différence dans les produits de matériaux, qui sont essentiellement les mêmes, est le fruit de l'atténuation qu'ils ont éprouvée en passant dans les filières de l'animal, & que l'agrégation des Élémens qui forment ces matériaux, n'est plus la même qu'elle étoit dans le tissu de la plante dont l'animal s'est nourri; ce que je dis à cet égard est une vérité que la Chimie moderne a mise dans la plus grande évidence : il est pareillement évident que tout ce qui est animal, dans la décomposition qui rend au magasin général les matériaux qu'il y avoit puisés, soit immédiatement, soit médiatement, passe par cet état que nous nommons *pourriture, fermentation putride*.

Mais que sont les maladies qui attaquent le corps humain, sinon cette fermentation anticipée! Les fièvres putrides, malignes, sont-elles autre chose! Le scorbut, cette maladie si terrible, & qui fait tant de ravages parmi les Marins, ne nous offre-t-il pas tous les caractères d'une diffolution putride, dont la marche plus lente que dans les maladies vives que je viens de citer, est dûe à des causes que j'ai amplement discutées dans mon Traité des maladies des Gens de mer! L'art du Médecin dans ces cas, doit donc tendre effentiellement à prévenir & à écarter cette fermentation putride. Des expériences heureuses & répétées en développant la cause de cette fermentation, nous ont mis sur la voie des moyens propres à la combattre. Macbride & les Auteurs des Differtations qui ont concouru pour le Prix proposé en 1768 par l'Académie de Dijon, *sur les anti-septiques*, tendent tous à prouver que les substances animales ne tombent dans cet état de diffolution putride où nous les voyons promptement passer lorsqu'elles sont dans un endroit chaud & humide, abandonnées à leur mouvement spontané, que parce que l'air fixe qui entroit dans leur composition, se développe, s'échappe, & laisse les autres principes constitutifs dans un tel rapport entre eux, qu'il en naît nécessairement ce que nous nommons *pourriture*, qui est l'état où cesse

H ij

l'agrégation de ces mêmes principes, & où la liberté leur est rendue. L'on voit effectivement une quantité très-considérable de matière, qui (à part les particules qu'elle charrie, qu'elle entraîne avec elle) a toutes les propriétés de l'air qui constitue l'atmosphère, s'échappe des substances qui se putréfient, & il n'y a pas lieu de douter que c'est à une pareille perte que la pourriture de ces substances est dûe; mais contenoient-elles bien véritablement un air fixe ? Qu'entend-on par ce mot ? à quelle propriété reconnoît-on ce principe ? quels en sont les caractères distinctifs ? En quoi diffère-t-il de l'air vulgaire ! &c. Que répondre à ces questions, dont la solution ne seroit cependant point inutile à la théorie de la putréfaction ?

L'air n'est point un principe, c'est un agrégé visible, le feu, l'eau & la terre méritent seuls ce nom. Le premier même est le principe par excellence, en lui réside le mouvement & la vie, les deux autres n'ont par eux-mêmes que l'inertie. L'air que nous connoissons n'est autre chose, selon un Auteur qui me paroît avoir bien vu cet objet, qu'un composé de feu & d'eau; d'après cela, nous pouvons dire que les substances animales, comme les végétales, même les plus dures, ne contiennent point dans leur état naturel d'air fixe, d'air principe qui ne nous présente aucune idée, mais bien des matériaux propres à donner, par une agrégation particulière, l'existence à un composé sensible que nous nommons *air*, & ces matériaux sont le feu & l'eau dont la présence dans les différens individus ne sauroit être contestée. Mais auquel de ces deux principes est dûe la conservation des substances végétales ou animales ? L'attribuerons-nous à l'eau ? Non, sans doute, puisque le moyen le plus efficace de les conserver est de les en priver, sans entraîner la perte du principe précieux dont j'ai fait mention. Les graines que l'on torréfie, le pain que l'on cuit deux fois, la viande à laquelle on enlève une partie de son humidité en la soumettant à l'action du feu, nous prouvent au moins que l'eau est bien éloignée d'être un principe conservateur des corps.

L'eau, du moins telle que nous la

connoiffons, ne fauroit être extraite des fubftances qui paroiffent à nos yeux prefque
indeftructibles.

L'air fixe ne fauroit être ce principe confervateur qu'autant qu'on le confidèreroit comme
des particules de feu difféminées dans l'intérieur des corps, unies avec les particules d'eau
qui lui font contiguës, pour former ce fluide
vifible que nous appelons *air*; mais, comme
on vient de le voir, l'eau ne doit entrer
pour rien dans la vertu antifeptique qu'on
attribue à l'air fixe; cette vertu doit être
toute fur le compte de la matière du feu;
car la pourriture ne s'empare des fubftances
defquelles nous voyons s'échapper fpontané-
ment beaucoup d'air, que parce que, par
cette émanation, le fluide confervateur ne fe
trouve plus alors dans la proportion requife
pour empêcher la diffolution ou plutôt l'incohérence des autres principes qui entrent dans
la compofition de ces fubftances; d'où l'on
pourroit dire que l'art de conferver les corps
vivans, ce qui eft notre but, ne confifteroit
qu'à favoir y entretenir une quantité fuffifante
de matière du feu, ou plutôt à favoir fournir

à cette matière des associés propres à l'enchaîner, à fixer autant qu'il le faut cet être presque incoërcible ; il y a grande apparence que nous ne trouverions que cela dans ces substances que nous reconnoissons pour antiseptiques à un degré éminent. Si nos facultés nous permettoient de voir d'une manière instructive le rapport des matériaux qui les constituent & la manière dont ils sont agrégés ; si le raisonnement ou le hasard, qui ont déjà beaucoup servi les Médecins modernes dans la découverte des antiseptiques, leur font faire encore quelques pas dans cette utile & brillante carrière, les maladies putrides, si cruelles, si meurtrières jusqu'ici, rentreront dans la classe de celles dont l'Art se joue, parce qu'il connoît des méthodes sûres de les surmonter. C'est à peu-près le terme où nous en sommes à l'égard du scorbut, cette maladie autrefois si cruelle, si homicide ; les observations constantes des Médecins qui ont suivi attentivement sa marche ont mis dans le cas de prononcer d'une manière affirmative, tant sur les causes principales que sur les causes auxiliaires du scorbut : le rapport de ces

H iv

caufes, leurs effets ont été mieux connus, les indications curatives ont été mieux faifies, & l'emploi des remèdes, devenu méthodique & raifonné, ne laiffe plus de champ libre à l'empyrifme & à l'ignorance. Le fcorbut cependant n'eft autre chofe qu'une maladie putride, lente, dont le traitement bien développé doit conduire tout naturellement à celui des putrides vives & ardentes; c'eft ce dont on fera aifément convaincu par les faits contenus dans ce Mémoire, faits qui tendront tous à prouver & la néceffité de la profcription de ces fubftances animales pendant la durée des maladies, & l'efficacité de l'ufage des fubftances végétales; mais, comme le fcorbut eft la plus fréquente & celle qui fait le plus de ravage parmi les Matelots, les caufes de cette maladie feront le premier objet de nos réflexions.

Caufes du Scorbut.

QUOIQUE, dans mon Ouvrage fur les Maladies des Gens de mer, j'aie rangé parmi les principales caufes du fcorbut, l'ufage habituel que les Matelots font de viandes falées, la néceffité où ils fe trouvent fouvent d'user de mauvais biscuit, de boire de l'eau corrompue, &c. je n'ai cependant pas accordé à ces causes (quelqu'actives qu'elles soient) la faculté de donner naissance à cette maladie, je croyois qu'il leur falloit le concours de l'air humide de la mer ou tout au moins l'habitation de climats humides ; j'avois pour garant de mon opinion plusieurs faits qui prouvoient que des Équipages absolument nourris de salaisons pendant un temps très-considérable, avoient échappé à cette maladie, & je me croyois d'autant mieux fondé à reconnoître pour cause principale de son apparition parmi les Marins l'humidité & la fraîcheur de l'élément qu'ils habitent, que bon nombre d'entr'eux, vivant d'alimens frais, avoient été affectés en très-peu de temps du scorbut en naviguant ou en se tenant en station dans des climats froids & dans des mers brumeuses; mais plus de faits & plus de réflexions m'ont mis dans le cas d'accorder, dans la production du scorbut beaucoup plus de part que je ne l'avois fait à l'usage des salaisons & des autres alimens plus ou moins altérés dont vivent les Marins. A ces causes principales que l'on joigne les auxiliaires que j'ai amplement détaillées ailleurs, l'air putréfié de l'entrepont que les Matelots respirent, les émanations infectes qui s'élèvent du fond de cale & aux impressions desquelles ils sont exposés, la promptitude avec laquelle ils passent sans précaution & souvent sans vêtement de l'habitation chaude de l'entrepont à l'air quelquefois très-froid qui règne sur le pont, &c. & l'on aura une réunion d'agens très-propres à faire naître promptement le scorbut parmi les Équipages; aussi est-ce ce qui est arrivé toutes les fois que ce concours de causes a eu lieu; mais, en assignant aux substances dont on nourrit les Matelots la première place parmi ces causes, je dois au moins de courtes réflexions sur leur manière d'agir dans une maladie dont la nature ne sauroit être trop connue.

Le scorbut est une maladie putride, chronique, dont la marche, quoique souvent assez rapide, ne nous laisse cependant jamais apercevoir ces accidens marqués qui caractérisent les putrides vives*, tous les symptômes qui annoncent son existence & ses progrès venant à l'appui de cette vérité, l'on voit que les antiseptiques de quelque part que nous les tirions, sont des moyens indiqués, soit pour prévenir, soit pour guérir cette maladie, & qu'au contraire, tout ce qui peut favoriser & hâter la putréfaction de nos humeurs, doit être écarté & proscrit comme très-opposé au but que l'on se propose d'atteindre.

D'après cela, les Gens de l'art les moins instruits chercheront-ils dans l'usage des substances animales des secours contre le scorbut ? Ne reconnoîtront-ils pas au contraire dans cette espèce d'aliment la propriété de faire naître cette maladie & de la perpétuer, lorsqu'ils réfléchiront que ces substances tendent toutes à une décomposition putride, plus ou moins prompte, ce qui est une suite néces-

---

* Celles qui méritent vraiment ce nom, tuent presque toujours en peu de jours, pendant que celles que nous appelons ordinairement *Fièvres putrides, malignes*, & qui durent quatorze, vingt-deux, vingt-huit jours & plus, sont souvent inflammatoires, ou tout au moins sont-elles mixtes.

faire de la petite quantité d'air principe*
qu'elles contiennent ; que fera-ce donc si ces
substances animales ont déjà acquis quelques
degrés d'altération ? N'entraîneront-elles pas
dans un espace de temps plus ou moins long,
cette dissolution putride des humeurs qui fait
le caractère distinctif du scorbut ? Celles que
l'on assigne aux Matelots, ne sont-elles pas
déjà à demi dépravées ? car que l'on ne s'y
trompe pas, le sel & tous les autres moyens
employés pour la conservation des poissons,
des substances animales qui ont fait jusqu'à
présent la base de leur nourriture, peuvent
bien ralentir la marche de la décomposition
putride qui les attend : mais ils ne sauroient
la suspendre, c'est une vérité trop connue
pour qu'elle ait besoin de preuves. Nos
humeurs étant continuellement entretenues

---

* J'adopte ici l'expression reçue, quoiqu'il n'y ait pas plus d'air principe dans les corps, qu'il n'y a de véritable soufre dans certaines pyrites, quoiqu'il y soit en puissance, je veux dire, quoiqu'elles contiennent réellement l'acide vitriolique & le phlogistique, propres à lui donner naissance, mais dont la combinaison qui doit en faire du soufre, n'a pas encore lieu.

& réparées par les alimens dont nous faisons usage, ils doivent nécessairement influer sur ces humeurs, & quoique l'on conçoive que la bonne disposition des organes de la digestion dans certains individus, l'exercice modéré, le climat, la gaieté, le mélange de quelques alimens tirés d'un autre règne, peuvent changer les résultats naturels des substances animales déjà altérées, dont on se seroit nourri, il n'en est pas moins vrai que la chair des animaux atteint très-promptement le dernier degré de putréfaction, & qu'il seroit ridicule d'y avoir recours dans une maladie où tout annonce une dissolution putride dans les humeurs.

Quelle conduite faudra-t-il donc tenir pendant cette maladie! Celle que le bon sens montre, celle qui est indiquée par l'évidence des principes que nous venons de poser, celle que le hasard, un instinct heureux nous ont souvent tracée, & dont l'efficacité a été prouvée par tant de faits, qu'il seroit inutile de les remettre sous les yeux, si une routine aveugle ne balançoit pas souvent l'empire de la raison : substituez, autant que vous le pourrez, à ces substances animales des végétaux, des farineux, des fruits doux & acidules, & vous verrez disparoître cette maladie. Peut-on voir un exemple plus frappant de ce que j'annonce, que ce qui arriva au siége de Thorn par les Suédois, où plus de six mille Saxons renfermés dans la Place & plusieurs milliers d'Habitans périrent du scorbut pendant cinq mois que dura ce siége, tandis que les Assiégeans, exposés aux mêmes influences de la saison, à des travaux aussi pénibles que les Assiégés, furent absolument exempts de cette maladie! on trouve bientôt la cause de cette différence : Les Saxons qui défendoient Thorn & la plupart de ses habitans furent obligés de vivre de salaisons; les Suédois, au contraire, maîtres de la campagne dans la belle saison, furent toujours pourvus de légumes & de vivres frais; car, quoique je dise ailleurs que la cessation des alarmes continuelles de la Garnison & des Habitans, & la facilité qu'ils eurent après la prise de la ville, de se loger dans des endroits plus chauds & plus secs que ceux qu'ils habitoient pendant le siége, entrèrent pour quelque chose dans la disparition presque subite de cette maladie, on ne peut cependant disconvenir que l'état différent dans lequel se trouvèrent les Assiégeans & les Assiégés ne soit dû à la différence de leur nourriture, puisqu'aussitôt qu'on put introduire dans la ville des alimens frais & des légumes, le scorbut disparut.

Une autre preuve incontestable que l'usage des viandes salées peut être regardé comme une des causes les plus actives du scorbut, c'est que, parmi les malheureux qui, après avoir fait naufrage, passèrent l'hiver en Groënland, ou parmi ceux que l'on paya pour y aller ensuite, ceux qui ne vécurent que de salaisons moururent tous du scorbut, pendant que ceux au contraire qui avoient fait naufrage, & qui, manquant de tout secours, furent obligés, pour subsister, de s'exposer, en chassant, à toute la rigueur de la saison, & qui ne vécurent que de racines & de gibier, furent trouvés bien portans au retour de la belle saison.

Nous devons au docteur Lind * le fait qui suit & qui vient merveilleusement à l'appui de

---

* Traité du Scorbut, t. *1*, p. *128*.

mon fentiment. Le Capitaine du vaiffeau Anglois le *Guernezey* n'ayant pu obtenir de mettre à terre foixante-dix fcorbutiques dont plufieurs étoient parvenus au dernier degré de la maladie, ils fe rétablirent à bord par le feul changement de nourriture & principalement par l'ufage abondant des végétaux frais. Cet évènement, qui ne permet pas de douter de l'efficacité du régime végétal pour la guérifon du fcorbut, paroît d'autant plus frappant, que Lind lui-même obferve qu'il n'y avoit point de ventilateur dans le Vaiffeau, & qu'il y avoit tout lieu de croire qu'on n'avoit pas été bien attentif à ce qui concernoit la propreté parmi un fi grand nombre de malades.

On voit également par le Journal de Saint-Yves, Chirurgien du vaiffeau Anglois le *Dragon* *, qu'il guérit à la mer, pendant une faifon froide & pluvieufe, plus de trente fcorbutiques à bord de fon Bâtiment, & cela au moyen d'une orange & d'une ou deux pommes qu'il faifoit diftribuer tous les jours à chacun de fes malades qui mangeoient

---

* Traité du Scorbut, *p.* 129 & *fuiv.*

d'ailleurs

d'ailleurs des soupes faites avec le mouton & les navets. La guérison de ces scorbutiques est d'autant plus évidemment l'ouvrage de la nourriture végétale, que le Capitaine George, commandant le vaisseau le *Salisbury* en 1746, ayant eu plus de quatre-vingts scorbutiques à son bord sur près de trois cents cinquante hommes qui composoient son Équipage, il n'en put guérir aucun à la mer ni même arrêter les progrès du mal, quoiqu'il leur fît distribuer tous les jours de la viande fraîche & du bouillon fait avec le mouton & la volaille.

Lorsque les Flottes Angloises étoient réunies à celles des Hollandois, & qu'ils croisoient de conserve dans la mer Baltique, l'Amiral Wager observa que les Équipages Anglois avoient le scorbut à un haut degré, tandis que cette maladie étoit à peine sensible parmi les Hollandois, ce que cet Officier attribua avec raison à quelques repas de choux-croûte que les Hollandois donnoient de temps à autre à leurs Équipages, & sur-tout à l'usage de quelques oranges qu'on leur distribuoit de temps en temps, & dont les Vaisseaux

I

s'étoient approvifionnés avant leur départ de Livourne.

Peut-on rien voir de plus concluant en faveur du régime végétal, comme moyen curatoire & préfervatif du fcorbut, que ce qui arriva à l'Amiral Ofborn dans une croifière devant Cadix ? fon Équipage étant réduit à l'état le plus trifte par la grande quantité de Matelots qui étoient attaqués de cette maladie, il fe vit forcé de relâcher à Vado; mais le pays étant couvert de neige, il ne put refter que peu de jours dans la relâche; il fe contenta d'embarquer une quantité confidérable d'oranges & de citrons qu'il trouva dans cette ville; malgré le temps qui fut très-rude pendant la croifière qu'il reprit; par l'ufage feul de ces fruits, tous les fcorbutiques, tant ceux chez qui le fcorbut étoit parvenu au commencement du troifième degré, que ceux où cette maladie étoit à un période moins fâcheux, parvinrent à fe rétablir à bord *.

Joignons à l'appui des faits que nous

---

* M. Lind, *tome I, page 169.*

venons de citer ce qui arriva aux quatre premiers Vaisseaux Anglois qui firent le voyage des Indes Orientales: trois de ces Vaisseaux furent si maltraités du scorbut, qu'à leur arrivée ils purent à peine jeter l'ancre, & qu'ils seroient peut-être péris sans le secours que leur prêta le Commandant, à bord duquel il y avoit très-peu de malades, parce que cet Officier ayant fait provision de quelques bouteilles de suc de limon, il en donnoit tous les matins à jeun deux ou trois cuillerées à chacun de ses scorbutiques; par ce seul secours, il en guérit plusieurs, soulagea tous les autres & les mit dans le cas de continuer le service de la manœuvre.

D'après de tels faits, que l'on pourroit multiplier s'ils n'entraînoient pas avec eux la conviction, sera-t-il permis de douter que la nourriture joue un grand rôle, soit pour occasionner, soit pour guérir le scorbut ! méconnoître l'influence des alimens dans ce cas, c'est vouloir renoncer à l'évidence ; nous nous garderons cependant bien de mettre toujours sur le compte du régime animal seul l'apparition du scorbut & des autres maladies

I ij

qui règnent dans les Efcadres, nous favons trop que nombre de circonftances variables peuvent favorifer les mauvais effets de ce régime ou les affoiblir, & même quelquefois les anéantir abfolument. Quelques réflexions nées de l'expérience, vont nous fervir à prouver cette vérité.

De toutes les caufes qui peuvent favorifer les défordres occafionnés par la nourriture animale, & particulièrement par l'ufage des falaifons, il n'y en a aucune qui agiffe plus puiffamment que l'air froid & humide & l'air chaud & humide : l'air froid & humide donne plus volontiers naiffance aux maladies putrides chroniques, tel que le fcorbut; l'air chaud & humide, au contraire, caufe plus communément les maladies putrides vives; & s'il eft quelquefois un des agens vifibles du fcorbut, cela ne fe rencontre que dans les circonftances où les individus qui font affectés de cette maladie, avoient déjà fouffert fon atteinte ou étoient affoiblis par quelques maladies antérieures; & encore dans cette circonftance les progrès du fcorbut font fi rapides, qu'ils fe rapprochent en quelque forte des putrides vives. L'histoire du ravage que fit le scorbut dans les Équipages de l'Amiral Anson, lors de son départ du Mexique pour Tœnian, & ce que l'on observe journellement dans nos Hôpitaux de Marine, servira de preuve à ce que je viens d'établir.

Cet Amiral rapporte qu'ayant perdu une grande partie de son monde par le scorbut, en moins de quatre mois qu'il mit à se rendre d'Angleterre à l'île Jean Fernandez, & tout le reste de son Équipage en ayant été vivement attaqué, cette cruelle maladie assaillit une seconde fois ses Équipages, & cela six semaines après qu'ils eurent quitté la côte du Mexique, où tout le monde s'étoit rétabli avant le départ par le secours des végétaux & des provisions fraîches : « nous fumes, dit-il, « d'autant plus étonnés de cet évènement, que « nous avions pensé que la violence de cette « maladie, qui nous avoit si fort maltraités dans « les climats froids, ne reparoîtroit point dans « les climats chauds où nous allions naviguer; « mais le ravage que fit alors le scorbut nous con- « vainquit de la fausseté de cette conjecture. On « avoit cru aussi généralement que l'abondance «

» d'eau & de provisions fraîches, c'est-à-
» dire du cochon & de la volaille, dont nous
» nous étions pourvus à Payla, devoit nous
» garantir; nous prenions, outre cela, tous
» les jours une grande quantité de poissons;
» & comme la saison fut extrêmement plu-
» vieuse, nous eumes de l'eau en abondance;
» mais malgré cet avantage, malgré l'usage des
» viandes fraîches que l'on distribuoit aux
» malades, malgré les poissons frais dont se
» nourrissoit souvent l'Équipage, les scorbu-
» tiques ne s'en trouvèrent pas mieux, & la ma-
» ladie alla toujours en augmentant, quoiqu'on
» eût en même temps l'attention de tenir les
» Vaisseaux propres & de renouveler l'air
» d'entre les ponts; mais dès qu'ils furent rendus
» à Tœnian, les fruits qu'ils trouvèrent dans
» cette île, & particulièrement ceux qui étoient
» acides, leur furent si salutaires, qu'au bout
» de huit jours il y eut peu de malades qui
» ne fussent en état de marcher sans l'aide de
personne ».

On voit par-là combien, dans quelques
circonstances, l'air chaud & humide est propre
à communiquer de l'activité aux autres causes

du scorbut; mais il est sur-tout un des principaux agens qui occasionnent les maladies putrides & aiguës qui enlèvent un si grand nombre de Gens de mer chez toutes les Nations commerçantes. On rend aisément raison des suites funestes de cet état de l'atmosphère : l'air ayant alors moins de mobilité, & par conséquent moins de ressorts, toutes les émanations animales restent suspendues dans le voisinage des foyers qui les fournissent ; ces émanations n'étant point chassées par les vents, & dispersées dans une masse très-étendue d'air, ou combinées avec des principes qui changent leur nature, jouissent de leurs droits, tendent de plus en-plus à l'état de putridité qui les attend, & dès-lors ces émanations errantes réagissent sur les substances animales, soit mortes, soit vivantes, qui se trouvent dans leurs sphères d'activité, & accélèrent l'espèce de composition qui leur est propre; joignez à cela que la chaleur, en raréfiant nos liqueurs, tend à désunir les principes & force le ressort des solides, ce qui arrive d'autant plus promptement, que, l'humidité se réunissant à la chaleur, leur tissu s'en trouve affoibli, & vous aurez une nouvelle cause du changement qui doit s'opérer dans les liqueurs du corps humain. Ce changement est sans doute tel, qu'elles ne sont plus propres à retenir dans une quantité requise cet air fixe, ou plutôt le principal fluide qui le constitue & qu'on peut regarder comme le lien commun & le conservateur de toute la machine animale; dès-lors une tendance marquée de ces liqueurs vers la pourriture. L'humidité de l'air en diminuant, dans le même temps, la transpiration insensible, une portion de cette matière excrémentielle reste dans les voies de la circulation, & concourt encore à augmenter le désordre.

Mais, je le répète, la disposition chaude & humide de l'atmosphère, qui est très-propre à donner de l'activité aux causes prochaines des maladies putrides aiguës, ne devient une cause de scorbut que pour les individus qui ont déjà été affoiblis par des maladies antérieures; ce qui arriva sur la Flotte de l'Amiral Anson, nous en a déjà fourni un exemple, & nous en trouverons un nouveau dans ce qu'on observa dans les hôpitaux de Brest en 1759 : L'été ayant été fort pluvieux dans cette ville, le scorbut fut beaucoup plus commun qu'à l'ordinaire parmi les malades de l'Hôpital, & l'on remarqua que c'étoient les blessés chez qui il se manifestoit plus tôt & chez lesquels il faisoit les progrès les plus rapides; les moindres plaies y devenoient en peu de temps de la plus grande conséquence, celles sur-tout qui avoisinoient les os étoient bientôt suivies d'une carie qui devenoit souvent mortelle, & dont on ne retardoit les progrès que par l'application du feu, aidé du suc des plantes anti-scorbutiques que leur faisoit distribuer chaque jour M. Duval, ancien Chirurgien-major de cet Hôpital; mais, comme il étoit difficile d'obtenir des Entrepreneurs une quantité suffisante de ces végétaux pour fournir, & assez d'air fixe afin de réparer la perte qu'en entraînoit une pareille constitution de l'air de l'Hôpital, & assez de principes capables de donner aux humeurs cette disposition propre à retenir suffisamment de ce fluide conservateur, la guérison de ces malheureux scorbutiques étoit d'autant plus lente, qu'ils consommoient davantage de la ration de viande qui leur étoit accordée. Cet habile

Chirurgien étoit si persuadé de cette vérité, que l'usage des substances animales est un véritable obstacle à la guérison du scorbut, qu'il retranchoit à ses blessés la plus grande partie de la ration de viande, & qu'il recommandoit à ceux que leurs facultés permettoient de se nourrir en ville, de sortir promptement de l'Hôpital & de vivre principalement de légumes ; leur guérison étoit aussi sûre que prompte.

Lind a observé que les scorbutiques périssoient misérablement à Gibraltar, quoiqu'ils eussent de bon bouillon fait avec la viande fraîche & qu'ils respirassent l'air de terre * ; non-seulement on a fait la même observation dans les hôpitaux de Brest & de Rochefort, mais on a encore reconnu que la plupart des malades & des blessés qui séjournoient un certain temps dans ces lieux, y gagnoient le scorbut qu'ils n'avoient pas en y entrant.

Ce qui est prouvé par le procès-verbal des scorbutiques, qui ont été soumis par ordre de la Cour, en 1771, aux épreuves du

---

* M. Lind, tome *I*, page 239.

régime végétal dans l'hôpital de Brest sous les yeux de tous les Médecins & Chirurgiens de la Marine qui ont été les témoins de leur guérison ; mais ce qu'il y a d'important à observer, c'est que ce succès se soutient dans cet Hôpital, où plus de soixante scorbutiques provenant du Vaisseau le *Berryer*, y ont été rétablis il y a quelques mois, quoique plusieurs personnes, & en particulier M. Malet, Médecin de la Marine, qui en a pris soin, m'ait assuré qu'on s'étoit relâché sur la quantité de légumes qu'on étoit convenu de donner en place de viande, & qu'on avoit substitué au plan de nourriture que j'avois conseillé, de mauvaises tablettes de bouillon, aussi malsaines, qu'elles rendent le riz & les autres légumes, auxquels ont les joint, dégoûtans.

Si d'après des faits aussi bien constatés, il est vrai de dire que la nature de l'air des Hôpitaux semble avoir la plus grande part à la production du scorbut qui s'y manifeste si souvent, il n'en est pas moins certain que la nourriture végétale peut seule faire disparoître cette maladie dans le lieu même où elle a pris naissance, & rendre impuissans les effets d'un air auffi mal-fain. Le détail de quelques nouveaux faits va faire connoître de plus en plus cette vérité.

M. Fournier, Médecin de la Marine au port de Breft, ayant trouvé en entrant de fervice à l'Hôpital au mois de Juin 1771, près de foixante fcorbutiques parmi le nombre des malades qui étoient confiés à fes foins, & étant perfuadé que le feul moyen de les rétablir, étoit de fubftituer l'ufage des végétaux à la nourriture animale, qu'il regardoit comme une caufe perpétuelle de putridité qui aggravoit la maladie, exigea des Sœurs de l'Hôpital, fur les repréfentations qu'il fit à M. l'Intendant, qu'il y eût une chaudière particulière établie pour les fcorbutiques, qui furent réunis dans une même falle pour y être traités plus fûrement. Il obtint le retranchement de la plus grande partie de la viande fraîche qu'on devoit leur diftribuer, & il la fit remplacer par des légumes frais de toute efpèce, dont partie étoit mife au pot, & l'autre portion fe diftribuoit uniquement affaifonnée avec du vinaigre. Il faifoit donner à ces fcorbutiques pour leur fouper, au lieu de viande, du riz, ou des pruneaux avec leur ration de vin, & de l'hydromel pour boisson commune. Cette méthode eut un succès si marqué, qu'en moins d'un mois vingt-neuf de ses malades sortirent de l'Hôpital parfaitement guéris, & tous les autres avoient déjà éprouvé par ce régime un soulagement considérable. Comme il seroit trop long de faire l'exposé de l'état de chacun de ces scorbutiques, ainsi que de leur traitement, je me contenterai de choisir dans le grand nombre des faits qu'on m'a fourni, trois exemples de guérison, dont le détail mérite d'être mis sous les yeux du Public.

Le premier, nommé Augustin Fréron, âgé d'environ soixante ans, entré à l'Hôpital pour une fièvre continue, avoit été attaqué à la suite de cette maladie du scorbut le mieux caractérisé, ainsi que l'exposé de ce Médecin le prouve. « Cette maladie, dit-il, « loin d'avoir cédé aux remèdes ordinaires & « au régime animal usité à l'Hôpital, n'avoit « fait qu'augmenter, au point que je trouvai « en entrant de service ce malade réduit à « l'état le plus affreux; il avoit les jambes «

» & les cuisses prodigieusement gorgées,
» dures, & couvertes de taches scorbutiques;
» les bras se ressentoient aussi de la maladie,
» mais ils étoient infiniment moins maltraités
» que les extrémités inférieures : le ventre
» étoit élevé, bouffi, & on commençoit à
» y sentir un amas d'eau, une petite toux
» sèche & continuelle; un pouls foible &
» inégal accompagnoit cet état : les urines
» étoient bourbeuses & le ventre pares-
» seux. Tous ces accidens étoient joints à
» une si grande foiblesse, que ce malheureux
» ne pouvoit pas se retourner dans son lit
» sans aide : l'engorgement des gencives étoit
» tel, qu'elles lui laissoient à peine la liberté
» d'articuler quelques paroles; il étoit tour-
» menté, sur-tout la nuit, de douleurs cruelles
» dans tous les membres, de façon qu'il n'y
» avoit pas un instant de repos pour cet in-
» fortuné, qui éprouvoit dans cet état une
» horreur extrême pour le bouillon, & sur-
» tout pour la viande.

» Désespérant de guérir un pareil malade
» dans un Hôpital aussi mal-sain que celui
» de Brest, je crus, continue M. Fournier,

devoir chercher pour lui au moins quelques «
moyens de soulagement. Dans cette vue, je «
commençai par exclure de son régime toute «
espèce de viande & même la soupe; le riz, «
des pruneaux, du cresson en salade, furent, «
avec la ration de vin, la seule nourriture, «
à laquelle je joignis pour boisson ordinaire, «
soit une légère limonade préparée avec la «
crême de tartre & le sucre, soit de l'hy- «
dromel le matin, en lui faisant prendre »
par la suite quelques onces de miel avec «
son pain : par ce seul régime, aidé de «
gargarismes appropriés à l'état de la bouche «
& de quelques fomentations aromatiques, sur «
les cuisses & sur les jambes, j'eus la satisfaction «
de voir, en moins d'un mois de traitement, «
tous les accidens diminués de moitié. Le som- «
meil étoit revenu, & le malade qui ne pou- «
voit se retourner dans son lit qu'avec du «
secours, marchoit déjà avec des béquilles ». Ce
Médecin ajoutoit que le malade alloit de mieux
en mieux, & qu'il ne doutoit pas que si celui
qui entroit de service après lui, continuoit
les mêmes soins à ce malade, il ne fût bientôt
en état de sortir de l'Hôpital.

Le second, nommé**, jeune homme de vingt-six ans, étoit arrivé avec la chaîne de 1770. Sa jeunesse, sa force & sa vigueur, engagèrent à le faire entrer pour Servant dans l'Hôpital, avant que d'avoir été exposé aux fatigues du port & à la nourriture du bagne ; malgré cela, & quoique ce jeune homme vécût de viande fraîche, qu'il eût du vin, du pain, & que le service des malades lui fît faire de l'exercice, il ne laissa pas d'être attaqué du scorbut dès les premiers jours de Juin : cette maladie s'étoit manifestée par une lassitude générale & des douleurs dans les jambes ; elles devinrent œdémateuses, & se couvrirent de taches livides ; les gencives s'engorgèrent pendant le même temps. Ce Médecin arrêta promptement les progrès de ce mal, & guérit entièrement ce Forçat par le simple usage des végétaux frais, du riz & d'une soupe où il y entroit beaucoup de légumes destinés pareillement aux autres scorbutiques, ne lui ayant permis que sur la fin de sa guérison d'y joindre un peu de viande.

Le troisième devenu scorbutique à la suite d'une longue maladie qu'il avoit eue à l'Hôpital, l'Hôpital, étoit couvert de taches scorbutiques, ses jambes étoient fort gorgées, & il étoit si fort épuisé, qu'il pouvoit à peine se remuer dans son lit. « Mon intention n'étoit pas, dit M. Fournier, vu sa grande foiblesse, de lui « retrancher absolument la viande ; » mais il s'y vit forcé par les instances du malade, auquel cette espèce de nourriture répugnoit si fort, qu'elle lui occasionnoit des vomissemens & des pesanteurs d'estomac, chaque fois qu'il vouloit en goûter : il se réduisit donc aisément à ne manger que du riz, des végétaux frais, & à faire usage des mêmes boissons que les autres malades. A la fin du mois, il se trouva presque entièrement rétabli, & il fut un des premiers qui sortirent de l'Hôpital le mois suivant.

Quoique les nouvelles observations que je viens de rapporter, prouvent de plus en plus que l'humidité de l'air, la chaleur & sa légère altération, entrent pour beaucoup dans la production du scorbut en favorisant les dispositions que la nourriture animale donne à cette maladie, il n'en est pas moins certain que l'air froid & humide, auquel les Marins sont si souvent exposés, est aussi une des principales causes qui

K

déterminent son apparition. La promptitude avec laquelle le scorbut se montre quelquefois pendant cette constitution de l'atmosphère, a lieu de paroître d'autant plus étonnante, que le froid sembleroit au premier coup-d'œil devoir être le correctif de la putréfaction, & être un des agens les plus propres à arrêter les progrès du scorbut. Le contraire arrive cependant, & tant de faits ont prouvé cette vérité, qu'au lieu de la contredire, il a fallu chercher dans la manière d'agir de cette cause, l'explication d'un phénomène qui cesse de mériter ce nom, dès qu'on réfléchit tant soit peu sur l'influence que doit avoir dans les opérations de l'économie animale un air froid & humide, au milieu duquel se trouvent plongés pendant un certain temps des Matelots, dont la manière de vivre & les imprudences sont connues. Je ne peux rien faire de mieux que de répéter ce que j'ai dit à cet égard dans mon *Traité des Maladies des Gens de Mer*, p. 37 & 38.

L'air froid & humide étant appliqué à la superficie du corps, y diminue la transpiration par les raisons que j'ai données; pour lors la sérosité qui en est le produit, & qui est plus chargée de sels, étant plus stagnante qu'à l'ordinaire dans les pores de la peau, y acquiert plus d'acrimonie par l'évaporation de la partie la plus ténue; elle produit en conséquence un léger érétisme dans tous les pores, qui en se resserrant, empêchent que l'humeur transpiratoire qui se présente à leur orifice, ne puisse y être introduite en aussi grande quantité qu'auparavant. Alors la sérosité qui devoit fournir à cette évacuation, trouvant trop de résistance de la part de la peau, continue sa route dans les artères sanguines, & est rapportée dans les voies de la circulation où elle exerce son action sur les liquides, qui doivent être délivrés de sa présence.

Cette liqueur, selon la marche uniforme de la Nature dans toutes ses opérations, ne peut pas demeurer long-temps dans le même état. Les oscillations répétées des vaisseaux qui agissent sur tous les liquides, tendent par un mouvement mécanique à donner à chacune des humeurs leur élaboration propre; elles produiront un effet opposé sur celle-ci, qui avoit déjà reçu cette élaboration si salutaire; elle acquerra de l'acrimonie par leur action

K ij

trop long-temps continuée, & elle fera bientôt confondue avec les autres humeurs; ce qui arrivera d'autant plus aifément, que l'humeur tranfpiratoire a, par le moyen du fel dont elle eft aiguifée, beaucoup d'analogie avec les autres fucs, ils en feront pénétrés, & ils ne feront bientôt avec elle qu'un tout, les fécrétions ne fe feront plus fans mélange, parce que tous les fucs étant confondus & diffous dans cette férofité, ils entraîneront toujours, lors de leur filtration dans un organe fécrétoire, d'autres fucs avec lefquels ils auront pris un plus grand degré de cohérence qu'il ne faut, pour que cette fonction s'exécute dans l'ordre naturel. Les circulations répétées de cette humeur excrémentielle, & la rentrée continuelle d'une nouvelle quantité de cette même humeur, porteront promptement la dépravation au point qu'il y aura diffolution complette du fang; ce qui fe fera d'autant plus aifément, que cette humeur circulera plus long-temps dans les vaiffeaux fans être combattue. Que d'accidens naîtront de cette feule caufe! La peau n'étant prefque point humectée par la tranfpiration, elle fera aride & sèche;

le sang étant diffous & âcre, paffera facilement des vaiffeaux qui lui font propres, dans d'autres, qui ne doivent pas naturellement l'admettre; il viendra à bout d'en corroder quelques-uns, & produira par-là des hémorragies très-dangereufes. Les différentes humeurs dont le fang eft compofé, ne fe fépareront pas dans les organes fécréteurs qui doivent les filtrer; & elles parviendront par un plus grand nombre de circulations à une dépravation putride, qui fera commune au fang; le malade aura l'haleine puante, & s'il fe fait des altérations dans quelques parties de fon corps, les chairs environnantes fourniront du fang, il en exhalera fouvent une odeur fétide, preuve certaine de la putridité & de la diffolution du fang. Les urines n'auront pas la qualité qui leur eft ordinaire; elles feront plus chargées non-feulement de fel, mais encore d'autres principes. La férofité qui doit former les urines, étant mêlée plus intimement avec le fang, par le peu de confiftance qu'il a, ne s'en féparera pas fans mélange. Les urines entraîneront les matières graffes du fang qui auront acquis un peu d'analogie avec elles,

K iij

par le moyen de la grande quantité de sels qu'elles contiennent; quelques particules même purement sanguines, pourront les suivre dans leur route, & produire des urines très-colorées, quelquefois rouges, huileuses, & toujours très-promptes à se putréfier, parce que l'atténuation plus grande de leurs principes, par l'action des vaisseaux les rapproche du terme de la putréfaction, qui est celui de toutes les substances animales; elles seront sans doute en petite quantité, parce que les tuyaux excrétoires des reins pourront, dans certaines circonstances, être un peu resserrés par l'acrimonie de l'humeur qui les parcourt.

Le fluide des nerfs, quelle que soit sa nature, participant à la dépravation générale, ne se séparera qu'en petite quantité dans le cerveau, ou bien d'autres humeurs trop long-temps atténuées, ayant pu s'allier avec lui, diminueront son action & son énergie, ou peut-être, ce qui est plus vraisemblable, ce fluide conservateur & précieux que nous ne connoissons que par ses effets, ne trouvant plus dans le liqueurs trop atténuées la disposition propre à le retenir dans l'économie animale en assez grande quantité pour y entretenir la vie, s'échappera en tendant à s'associer avec une suffisante quantité d'eau pour former un composé que l'on croit avoir été auparavant de l'air fixe; les liqueurs privées de ce lien destiné à en serrer & unir les parties, tendront plus ou moins vîte à la dissolution; ce fluide étant donc en moindre quantité dans les nerfs, dans les vaisseaux, dans les muscles, &c. il y aura abattement, engourdissement, paresse, mélancolie, &c. les muscles auront un mouvement souvent gêné & même douloureux, &c. C'est par de pareils effets que peut s'annoncer l'action trop long-temps continuée d'un air froid & humide sur des individus, où cette action ne seroit point corrigée par des alimens ou des médicamens propres à l'anéantir ou à diminuer son intensité. Mais quelle que soit l'activité de cette cause, que nombre de faits m'avoient déterminé à regarder comme seule capable de faire naître le scorbut, elle a presque toujours besoin des causes auxiliaires pour donner lieu à cette maladie, & la principale de ces causes est certainement l'usage des salaisons. Dans la température froide &

humide de l'atmosphère, les personnes bien constituées qui usent d'alimens frais, fournis de principes succulens, sont exposées aux atteintes des maladies inflammatoires, dans la curation desquelles la saignée est un des remèdes les plus efficaces; mais on voit rarement le scorbut se manifester alors dans cette classe d'individus: les sels dont est chargée l'humeur transpiratoire, dont l'excrétion est diminuée, refoulés dans la masse des humeurs, aiguillonnent vivement des solides très-irritables, & donnent lieu aux maladies vives, tandis que chez les Matelots, vivant de salaisons, les solides habitués déjà à la présence d'un sel combiné avec la partie rance des animaux dont ils se sont nourris, ne trouvent dans la portion de transpiration supprimée par l'action de l'air froid & humide, qu'un agent de même nature que le premier; son intensité ainsi augmentée, ne portant que sur des solides accoutumés à une pareille impression, les détermine moins volontiers à ces oscillations fortes qui caractérisent la fièvre: mais ce nouvel agent ne reste pas pour cela sans effet; il agit sur les fluides & les dispose à cet état futur de dissolution qui caractérise le scorbut parvenu à son dernier degré. Voilà pourquoi il est très-essentiel de ne rien omettre de ce qui peut favoriser la transpiration chez les Matelots. Aussi a-t-on remarqué que le défaut de vêtemens étoit une des causes de l'apparition du scorbut dans les climats froids, c'est ce dont on ne peut pas douter, en voyant que parmi des Équipages qui étoient à la même nourriture, les personnes qui étoient les mieux vêtues, étoient ordinairement celles que le scorbut épargnoit ou affectoit le plus tard.

Les Observations de M. Pringle viennent à l'appui de ce que j'ai avancé des différens produits de l'humeur de la transpiration supprimée sur des individus nourris de viande & d'alimens frais, & sur ceux qui font usage de salaisons pour principale nourriture. En effet, cet habile Médecin a remarqué que lorsque les troupes Angloises entroient en campagne dans une saison froide & pluvieuse, elles étoient attaquées de maladies purement inflammatoires. La dernière campagne qu'elles firent dans le Brabant en 1748 ayant commencé de bonne heure, & le temps ayant été froid & humide pendant près de six semaines, il régna parmi les soldats beaucoup de fièvres inflammatoires & de fluxions de poitrine.

Dans la campagne de 1745, la pluie & le froid auxquels les soldats furent exposés, dans un temps où ils étoient bien nourris, leur occasionna des toux violentes & des points de côté, accompagnés de fièvres & d'embarras tellement marqués dans les poumons, que la saignée paroissoit évidemmement indiquée; aussi ce seul remède suffisoit-il pour terminer la maladie.

Lind, au contraire, a remarqué que l'Escadre de l'Amiral Martin, croisant dans la Manche pendant une saison pluvieuse & froide depuis six semaines seulement, eut parmi ses Équipages, nourris de salaisons à l'ordinaire, un dixième de scorbutiques, quoique tous ses Matelots fussent en bon état lors du départ de Plimouth, & que l'on fût en droit d'espérer que la bonne nourriture & les végétaux frais dont ils avoient fait usage dans le Port, eussent dû les garantir d'une invasion aussi prompte de la part de cette maladie.

Voudra-t-on mettre sur le compte de l'air de la mer la différence dans les maladies qui ont régné pendant une température qui étoit la même ? & méconnoîtra-t-on ici l'influence de la nourriture dans la production de maladies d'un caractère si opposé ! Pour écarter tout doute sur ce point, ne suffit-il pas de rappeler ce qui arriva aux malheureux de Groënland, dont j'ai déjà parlé ailleurs, qui périrent du scorbut au milieu d'abondantes provisions salées, pendant que ceux qui, faute d'alimens de cette espèce, furent obligés de vivre de leur chasse & de racines, & de supporter toute la rigueur de la saison, se conservèrent en bonne santé ? mais, pour ne rien laisser à desirer sur ce sujet, ajoutons à ces exemples ce que l'on a observé parmi les Équipages de quelques Vaisseaux, dont les uns ont passé des hivers entiers dans des rades plus salubres, mais vivant de viande & de poissons salés, & l'on verra, par l'évènement, ce que l'on doit penser sur la nécessité de supprimer les alimens de cette espèce, de la nourriture des Matelots.

En 1756, douze Vaisseaux de guerre ayant

demeuré près d'un an dans la rade de Brest, où ils passèrent la plus grande partie de l'hiver, les Matelots n'usant point de salaisons, & n'ayant de légumes frais que ceux qu'ils se procuroient eux-mêmes & à leurs frais, le scorbut ne se manifesta point; évènement d'autant plus frappant que le climat de Brest est fort pluvieux, & la rade d'autant plus mal saine pendant l'hiver, que le mouillage étant fort éloigné de la ville, les gens de canots & de chaloupes qui vont & viennent continuellement, fatiguent beaucoup & essuient sans cesse le mauvais temps, ce qui occasionna, à la vérité, parmi eux, des fluxions de poitrine, d'autres maladies aiguës, mais point de scorbut.

En 1759, l'Escadre de M. le Comte de Blenac, composée de sept Vaisseaux & de quatre Frégates, ayant été contrainte de passer deux mois en rade pendant la mauvaise saison, & cela par la force & la durée des vents de Sud-ouest, qui sont toujours accompagnés de pluie dans ce climat, & ces Vaisseaux ayant à bord, outre leur Équipage nombreux, beaucoup de troupes de transport, quelques fièvres catharreufes, rémittentes, des continues putrides, furent les maladies régnantes, & il n'y eut que peu de fcorbutiques; fi cette maladie attaqua dans la fuite & Soldats & Matelots, ce ne fut qu'après avoir tenu la mer, & aux approches de Saint-Domingue, les Équipages ayant vécu de falaifons pendant la traverfée, un ou deux jours de pluie fuffirent alors pour que nombre de gens parmi le commun des Équipages fuffent atteints du fcorbut.

Si l'on compare ces faits avec les obfervations contenues dans les Journaux Anglois, on fera d'autant plus perfuadé de l'influence que nous accordons à certains alimens dans la production du fcorbut, que ces obfervations fourniffent l'exemple d'Équipages de plufieurs Vaiffeaux de cette nation, vivant de falaifons dans la rade de Gibraltar & dans celle des îles d'Hières, être en moins d'un mois, & malgré l'influence de l'air de terre, très-maltraités du fcorbut*, & cependant la différence entre le climat de Breft dans la mauvaife faifon,

---

* Lind, *tome I.*

aux intempéries de l'air, tant par la nature de leur service, que par la bonté de leurs vêtemens, qui sont nourris de viandes les plus fraîches, qui ont de bon pain & du vin de Bordeaux pour boisson, sont presque toujours à l'abri du scorbut, ou sont au moins ceux qui l'éprouvent les derniers; mais ils n'en sont pas pour cela toujours exempts. Une atmosphère long-temps froide & humide, comme elle l'est souvent à la mer, ayant peu de ressort, favorise chez eux comme chez les Matelots, la dissipation d'une partie de l'air fixe qui se dégage de nos parties; ou bien cet état de l'air énerve-t-il l'action de ce principe précieux, l'insensible transpiration souffre aussi alors un déchet chez eux, & par-là ils contractent à la longue des dispositions au scorbut, qui ne sauroient être efficacement combattues par leur manière de vivre : car quoique leurs alimens soient d'une meilleure qualité que ceux dont les Matelots font usage, leur nourriture a toujours pour base des viandes qui ne sont pas toujours de bonne qualité, & auxquelles ils joignent très-peu de légumes; cette nourriture étant essentiellement putrescible,

putrescible, & ne fournissant pas suffisamment à la réparation de ce fluide principe qu'ils perdent à la mer, il doit se faire une désunion insensible dans les parties de leurs solides & une décomposition sourde dans leurs liqueurs, laquelle s'annoncera par une diminution marquée dans les forces, & une fausse apparence d'embonpoint qui se dissipe peu de jours après leur arrivée à terre; ce qui doit leur faire connoître qu'ils ne sont pas exempts des atteintes du scorbut; de-là leur vient sans doute, ce desir & cet appétit violent pour les fruits & les légumes de toute espèce. Peut-on méconnoître cet instinct, cette attention de la Nature pour sa conservation, & comment des Gens de l'art placés dans les ports, peuvent-ils sans rougir, ne pas convenir de la nécessité de changer la nourriture des Gens de mer, lorsqu'on a de pareils témoignages à leur opposer!

Si l'on se rappelle ce que nous avons dit plus haut, pour prouver que le relâchement des parties solides, & le croupissement des liqueurs entraînoient nécessairement à la longue leur décomposition, on concevra facilement comment les Gens paresseux qui vivent dans un air humide, & dont la nourriture a pour base les substances animales, & plus particulièrement les salaisons sans aucun mélange de végétaux frais, sont plus tôt près du scorbut, que ceux qui mènent une vie plus active; en effet, on a remarqué que ce sont toujours les Matelots les plus fainéans qui succombent les premiers à cette maladie, tandis que ceux qui sont destinés aux manœuvres hautes, qui sont toujours en exercice, sans aucun abri dans le mauvais temps, s'en trouvent encore exempts à l'époque où cette maladie fait déjà beaucoup de ravages parmi le commun des Matelots. Aussi l'Officier, que l'expérience a instruit, & qui sait que le gros des Équipages a en général plus de temps de repos que de fatigues, ne manquera jamais l'occasion de l'occuper dans ces temps de tranquillité, en multipliant les branlebas & les changemens de manœuvres pendant le jour, & en lui procurant des danses & des jeux lorsque la nuit est arrivée; mais si la trop grande inaction des Matelots est une des causes qui concourt le plus fréquemment à favoriser celles qui ont l'action la plus marquée dans la production du scorbut, il faut cependant convenir que le repos ne devient jamais plus funeste aux Matelots, que lorsqu'il succède à des travaux pénibles & forcés qui durent depuis un certain temps, ou qui se répètent souvent, parce que l'atonie des solides étant grande & subite, & les principes des humeurs se trouvant plus exaltés, il doit naître de cette transition subite de l'état de travail forcé à celui de repos parfait, des accidens bien plus considérables que lorsqu'on a la précaution de ne les faire passer que par degré de l'un à l'autre de ces états. Aussi a-t-on observé que c'est à la suite des grands travaux que les Équipages, qui jusque-là s'étoient bien portés, tomboient tout-à-coup malades, dès qu'il leur étoit permis de se livrer entièrement au repos, ce qui doit faire sentir la nécessité d'éviter les extrêmes, si l'on veut conserver les Matelots en santé.

Les liqueurs ardentes dont abusent souvent les Gens de mer, ont quelquefois produit parmi eux de si grands accidens, qu'on les a rangées avec fondement dans la classe des causes les plus propres à occasionner des maladies très-graves; c'eſt ce que l'on obſerve ſur-tout en Amérique, où le vil prix du tafia permet aux Matelots d'en faire des excès; l'uſage de cette liqueur cauſe, parmi les plus robuſtes, une fièvre ardente qui les fait périr en peu de jours, pendant que l'abus de cette liqueur ne produit parmi les hommes affoiblis, ou dans un climat froid & humide, que la cachexie ſcorbutique. On peut en voir un exemple frappant, rapporté par Eller. Cet Auteur dit que l'Équipage du Bâtiment ſur lequel il étoit, & qui naviguoit dans un climat froid, ayant voulu ſe régaler d'eau-de-vie pendant les fêtes de Noël, l'Équipage qui s'étoit bien porté juſqu'alors, fut attaqué ſubitement du ſcorbut, pour avoir fait excès de cette boiſſon.

M. Fremin, anciennement Chirurgien-major de l'île de Gorée, a également obſervé que le ſcorbut qui eſt fréquent dans cette île, pendant la ſaiſon des pluies, qui attaque ſeulement ceux qui font uſage de viandes ſalées, avoit fait des progrès ſi rapides ſur deux Soldats bien portans en apparence avant qu'ils ſe fuſſent ennivrés d'eau-de-vie, qu'ils périrent ſous peu de jours couverts de taches ſcorbutiques, &

enflés considérablement. Cette liqueur qui, suivant les expériences de Macbride, contient très-peu de ce principe qu'il nomme *air fixe*, & qui empêche qu'il ne se dégage librement des substances dont on se nourrit, hâte d'autant plus aisément la putréfaction de nos humeurs, qu'elle en augmente extraordinairement le mouvement*. Cette violente agitation doit

---

* Le principe igné, substitué à l'air fixe, adopté par Macbride, quoiqu'il n'existe rien dans l'économie animale qui puisse mériter ce nom, au moins d'après l'idée que nous devons nous former de l'air, se trouve, il est vrai, en grande quantité dans les liqueurs spiritueuses; mais ce principe conservateur y est uni avec un associé qu'il ne quitte pas facilement, il cherche à s'échapper avec lui, & dans sa sortie il entraîne encore des particules de même nature, qui, soustraites à la masse générale des humeurs, les rendent plus susceptibles de putridité qu'auparavant.

Pour que la matière du feu devienne principe conservateur, en pénétrant dans les voies de la circulation, il faut qu'elle abandonne aisément les liquides avec lesquels elle étoit unie dans les substances qui font notre nourriture; ce qui suppose toujours qu'elle trouve plus d'analogie avec nos sucs, qu'avec ceux qu'elle abandonne, de sorte que si dans les alimens ou dans les liquides dont nous faisons usage, ce

tendre à désunir les parties qui les composent, & à dégager la partie aërienne qui les conservoit, & qui n'est pas réparée, tandis que les solides, dont le ton a été brusquement forcé par l'effet de cette liqueur ardente, tombent ensuite dans une atonie qui ne peut qu'augmenter le désordre, & favoriser de plus en plus les progrès de la maladie, ainsi que nous venons de l'observer.

Si la matière du feu est le principe cimentant duquel dépend l'état sain de nos corps dont il est le lien, ainsi qu'on peut l'inférer de la corruption qui s'empare de ces mêmes

---

principe se trouve combiné avec un associé avec lequel il ait plus d'analogie qu'avec aucun de nos sucs, alors c'est en pure perte pour eux qu'il a été admis dans les voies générales de la circulation, c'est un ennemi qui a ruiné l'édifice au lieu de le réparer : une portion de la matière du feu introduite auparavant, prend la route de la périphérie, & laisse les liqueurs du corps humain dans un état d'autant plus près de la décomposition parfaite, qu'elles contiennent moins de ce principe qui est le lien de tous les matériaux qui constituent ces liqueurs ; ce principe paroît être le fluide animal, le fluide nerveux qui porte par-tout le mouvement & la vie.

corps, dès que ce principe s'en dégage, on ne doit plus être étonné que les causes que je viens de détailler, concourent toutes plus ou moins à produire le scorbut, puisqu'il n'en est aucune qui ne favorise l'action du ferment putride apporté dans les humeurs par la mauvaise nourriture ordinaire aux Matelots, ou qui ne donne lieu à la dissipation du fluide qui conservoit ces humeurs dans leur état naturel. Toutes ces vérités sont mises dans le plus grand jour par Macbride, qui a fait voir par des expériences aussi simples qu'ingénieuses, que l'on pouvoit rétablir des morceaux de viandes putréfiés en les exposant à la vapeur des substances *actu* en fermentation. Que se dégage-t-il alors de ces substances ? de l'air chargé d'un certain *gas* spiritueux ou acescent. Mais qu'est-ce que cet air, si ce n'est, comme je l'ai déjà dit, un composé de feu & d'eau, dont le premier des principes trouve à faire dans les sucs des substances animales qui sont dans le voisinage une nouvelle combinaison qui les rend à leur premier état, en faisant disparoître celui de dépravation dans lequel ils commençoient à tomber par la perte qu'ils avoient faite d'un principe analogue; mais cette nouvelle combinaison ne sauroit durer long-temps, & la putridité doit bientôt reparoître, si l'on ne fournit pas un nouveau fluide conservateur qui remplace celui qui s'échappe continuellement; notre conservation perpétuée n'est que l'histoire de ce que nous voyons dans les expériences de Macbride.

D'après ce que je viens de dire, on ne doit plus être étonné de voir le scorbut, quelles qu'en soient les causes apparentes, céder au seul régime des végétaux frais, puisque de tous les alimens dont nous pouvons faire usage, il n'en est aucun qui fermente plus promptement, & qui fournisse plus d'air, & par conséquent plus de la matière du feu qui entre dans sa composition; mais en même temps que les végétaux rétablissent à la faveur d'un pareil agent le ton des solides relâchés, & qu'ils corrigent par-là l'altération de quelques humeurs dissoutes; les sucs savonneux dont cette espèce de nourriture abonde, divisent & atténuent la lymphe tenace & glutineuse qui formoit de toutes parts des embarras, la rendent plus miscible aux autres sucs dont elle vient alors d'augmenter la consistance : ce n'est cependant pas toujours par la quantité de la matière du feu introduite dans nos humeurs, que l'on parvient à faire disparoître les symptômes scorbutiques; il est des cas, par exemple, où dénué des sucs savonneux que contiennent ces végétaux frais, ce principe ne trouvant parmi nos sucs aucuns liens propres à le retenir, & agissant par sa vertu fortifiante & tonique sur les solides, pourroit accélérer encore la dissolution; c'est sans doute d'après cette manière d'agir, que tous les anti-scorbutiques chauds, tous les alkalis volatils qu'on emploie avec succès dans les premiers temps du scorbut où il y a épaississement, sont dangereux, lorsque parvenu à son troisième période, les humeurs sont dans un état de dissolution très-marqué, pendant qu'à cette époque, si l'action de ce principe actif se trouve un peu émoussée par sa combinaison avec des substances salines, huileuses & terreuses, propres à en faire un corps muqueux & savonneux, tant soit peu éguillonnant; il s'oppose d'une manière évidente à la dissolution ultérieure des sucs, & parvient à ramener par degrés les solides au ton naturel qui fait la santé.

Le quinquina, par exemple, qui contient beaucoup de ce principe conservateur, qui le laisse échapper dès son entrée dans les premières voies, est sans contredit le plus excellent anti-putride que nous connoissions; il répare aisément la perte abondante de ce principe que les causes de putridité occasionnent, & soutenant par sa vertu tonique l'action des solides, il empêche la circulation de languir, prévient par-là le croupissement & la désunion des liqueurs, l'épaississement de la lymphe, & par conséquent le scorbut; mais il ne faut pas que ce remède soit appliqué indifféremment à toutes les époques de la maladie. S'il y a obstruction, séparation de la lymphe, & épaississement de cette humeur, on conçoit que la vertu astringente du quinquina ne peut alors qu'augmenter l'épaississement des sucs embarrassés dans des filières étroites, & aggraver cet accident de la maladie, lequel ne peut être détruit que par le principe savonneux & apéritif des végétaux dont l'usage doit toujours précéder celui du quinquina, ou lui être allié si l'on veut procéder avec sûreté dans le traitement du scorbut. Si le quinquina paroît ne pas convenir à l'état d'épaississement des liqueurs, il paroît devoir agir efficacement dans le dernier degré de la maladie, lorsque tous les sucs sont dissous, que le sang n'a plus de consistance ; le principe igné que cette écorce contient, en s'insinuant avec la partie saline dont elle est abondamment pourvue jusque dans les plus petits interstices des solides relâchés, & des humeurs dissoutes en rallie les parties, en même temps qu'il remonte le ton organique de la fibre dont l'action venant à se ranimer, réagit sur les liquides, & les met dans le cas de se débarrasser des particules les plus putrides, dont il procure l'expulsion au-dehors.

On voit, par ce que je viens de dire, tant sur les propriétés de ce principe conservateur que je crois être igné, que sur celle du principe savonneux & apéritif des végétaux, combien Macbride a eu tort de tout accorder à ce qu'il nomme *air fixé*, & de vouloir réfuter tout ce qui a été avoué par nombre de faits touchant la vertu fondante des sucs des végétaux ; vertu qu'il rejette comme incompatible à son opinion, tandis que rien ne sert plus à la confirmer & à rendre raison pourquoi la nourriture végétale a seule la propriété de convenir dans tous les états du scorbut, guérit sans autres secours, malgré l'existence & l'intensité de toutes les autres causes qui, après la nourriture, paroissent avoir le plus de part à la production de cette maladie ; ce qui est prouvé par les Observations de tous les Maîtres de l'Art qui ont suivi le scorbut, & par celles que renferme ce Mémoire.

D'après la nature connue du scorbut, & le développement des causes qui la produisent ; d'après les faits que j'ai rapportés en preuve de l'efficacité du régime végétal dans la curation de cette maladie, il n'est plus permis de douter qu'on ne puisse le prévenir, & même le guérir, soit dans les Hôpitaux, soit dans les Vaisseaux qui sont en pleine mer, en retranchant la plus grande partie de la viande, & même en la proscrivant totalement dans certains cas, pour lui substituer des végétaux frais ; mais peut-on attendre la même efficacité de l'usage des légumes farineux secs ? Quoique cette dernière nourriture soit un peu moins efficace que celle que fournissent les végétaux frais, on ne pouvoit rien faire de plus avantageux pour cette classe d'hommes que de substituer aux salaisons dont on les nourrit ordinairement, les légumes farineux, & le plus que l'on peut de végétaux confits; car quoique ces substances soient dans le scorbut d'un degré d'efficacité inférieur aux végétaux frais, elles peuvent, administrées convenablement, non-seulement arrêter les progrès de cette maladie, mais encore la guérir, & fournir aux Matelots en santé la nourriture la plus saine que l'on puisse leur procurer à la mer, & la seule qui soit en état de les soutenir dans leurs travaux pénibles. Peut-on attendre le même avantage du bœuf & du poisson, sur-tout salé! ces substances ne portent-elles pas dans les humeurs des individus qui en usent habituellement, le germe des maladies les plus destructives?

Je pourrois me contenter, pour prouver l'efficacité des végétaux farineux, de renvoyer aux faits nombreux consignés dans un Mémoire imprimé par ordre du Gouvernement au commencement de 1771 ; mais comme il y en a eu quelques-uns de conteſtés, je me bornerai à ne rappeler que ceux que l'on ne ſauroit révoquer en doute, & auxquels je joindrai de nouveaux faits propres à forcer le préjugé juſque dans ſon dernier retranchement ; mais puis-je eſpérer avec tous les moyens de conviction que j'emploîrai, de parvenir à étouffer les effets de l'envie de quelques gens placés à la tête de l'Art dans le premier port de France, qui n'oſant ſe montrer ni écrire contre une révolution utile à laquelle ils ſont honteux de n'avoir point concouru, n'intriguent pas moins ſourdement pour écarter & empêcher ſon heureuſe influence ! Quand on veut le bien & qu'on le fait, on ne craint pas le grand jour, des démarches cachées annoncent ou de la méchanceté, ou la conviction où l'on eſt de la foibleſſe des armes qu'on emploie contre ceux qu'on attaque. Qu'ils oppoſent à mes raiſonnemens & aux faits que j'articule des raiſonnemens & des faits contradictoires, ſi leur expérience leur en a fourni, & l'on verra en dernière analyſe, de quel côté eſt la vérité

& la bonne doctrine; tant qu'ils ne tiendront pas une pareille conduite, j'ose prier Messieurs de la Marine de regarder leur assertion clandestine, comme un désespoir de cause.

Quand j'assure que les substances animales sont susceptibles de putréfaction, & qu'elles ne perdent pas cette disposition en devenant nos alimens; je ne dis rien qui ne soit connu des Médecins. Quand j'annonce que les légumes farineux possèdent à un très-haut degré la vertu anti-putride, mon assertion devient triviale pour tous ceux qui ont un peu réfléchi sur les produits des végétaux, ou qui ont lû les Ouvrages de Pringle, de Macbride, les Dissertations sur les anti-septiques qui ont concouru pour le Prix de l'Académie de Dijon en 1768, &c.

On peut inférer de ces expériences, 1.° que tous ces farineux sont anti-septiques, 2.° que la digestion de ces substances peut être rendue plus facile, & leur propriété anti-putride plus efficace, en leur restituant une certaine quantité du corps muqueux qu'ils ont perdu par la maturité & le desséchement; ce qui s'accorde avec les expériences de Mayer, qui a remarqué qu'en privant les farineux de leur partie amidonnée, il ne leur reſtoit plus qu'une matière tenace, indiſſoluble à tout autre menſ-true qu'au corps acide; ſemblable en cela à notre lymphe, & comme elle, n'étant plus ſuſceptible que de la fermentation putride; ce qui doit faire regarder cette matière dont abondent les farineux, comme une partie ani-maliſée très-nourriſſante, qui a beſoin d'être alliée à une certaine quantité de matière vrai-ment végétale & aceſcente qui puiſſe en rendre la diſſolution plus facile, & augmenter la vertu anti-putride de ces farineux.

En effet, ſi l'on triture pendant un certain temps une certaine quantité de farine d'orge ou de riz avec du miel ou du ſucre dans les pro-portions convenables, & qu'après avoir ſéché ce mélange, on le jette dans l'eau, il s'y fondra alors avec facilité, & n'aura plus rien de gluant. Ce procédé qui donne les moyens d'adminiſtrer les farineux de cette claſſe aux eſtomacs les plus foibles, fait connoître en même-temps tout le cas que l'on doit faire des tablettes & de l'extrait d'orge imaginés par M. de Chamouſſet, ce digne citoyen que

la

la France a perdu, & qui mérite les regrets de l'humanité à l'intérêt de laquelle il avoit sacrifié sa fortune & ses veilles; ces extraits farineux seront toujours substitués avec le plus grand avantage aux bouillons de viande dans toutes les maladies putrides, soit vives, soit chroniques.

La partie amidonnée & la partie tenace des farineux, susceptibles de deux fermentations différentes, nous mettent encore dans le cas de prononcer pourquoi, à titre d'antiseptiques, les végétaux méritent de beaucoup la préférence sur les farineux, quoique ceux-ci soient infiniment plus nourrissans que ceux-là, & pourquoi les farineux sont souvent insuffisans pour remédier à l'acrimonie putride une fois portée à certain degré, à moins qu'on ne leur allie, comme je viens de le dire, une certaine quantité de matière végétale acescente, tels que le miel, le sucre ou quelques plantes fraîches en conserve, telles que l'oseille, l'oignon, le choux, l'ail, & même le piment ou le poivre long, lesquels étant préparés convenablement, peuvent se garder assez long-temps à la mer, & remplir, étant

M

réunis aux farineux, la double intention que l'on se propose, de guérir le scorbut & de rétablir les forces de ceux qui en auront été attaqués ; ce que la drèche, quelque fraîche qu'elle soit, ne peut opérer qu'imparfaitement, parce qu'elle n'a pu par sa préparation acquérir la quantité de corps savonneux qui lui manque pour ressembler aux végétaux frais, & que les grains employés à la faire, ayant perdu par la germination une partie de leur principe igné, il ne peut leur rester d'autre ressemblance avec les légumes frais, que la propriété que la farine d'orge acquiert par cette préparation, de pouvoir fermenter promptement comme eux, & de se digérer avec plus de facilité, ce qui peut être de quelque avantage dans certaines maladies, mais qui n'en sauroit être un dans le traitement du scorbut, qu'autant qu'on voudra joindre à la drèche du miel de bonne qualité ou de la cassonade, ce qui en formera alors un aliment doux, savonneux, d'autant plus anti-septique, que la cassonade & le miel contenant plus de principes ignés employés à la confection du corps muqueux qui les constitue presque en totalité, ces substances ne peuvent qu'ajouter à la propriété anti-putride des farineux, & les rapprocher de l'efficacité des végtaux frais; d'où l'on peut conclure que Macbride n'a pas eu raison de tirer de la promptitude avec laquelle la drèche fermente, une preuve de son efficacité dans le scorbut; il me paroît d'ailleurs n'avoir pas fait assez d'attention à la quantité d'air qu'elle fournit, & n'avoir pas tenu compte du principe savonneux contenu dans les végétaux récens, principe sans lequel on ne sauroit expliquer la disparition des accidens du scorbut qui dérivent de l'épaississement & de la viscosité de la lymphe, que ces sucs savonneux combattent avec efficacité. L'on convient généralement que rien ne seroit plus avantageux pour les Gens de mer, que de pouvoir les nourrir au moins en partie avec des végétaux frais; mais dans l'impossibilité où l'on est de pouvoir les conserver assez long-temps en mer, & d'en fournir les Vaisseaux en assez grande quantité, il faut leur suppléer les végétaux secs, les farineux, &c. Ceux-ci, quoique anti-scorbutiques à un degré inférieur aux végétaux frais, ne laissent

M ij

pas cependant de combattre efficacement le scorbut, ainsi qu'il est prouvé par nombre de faits dont il n'est pas permis de douter.

En 1757, M. Hocquart commandant la frégate la *Dryade*, fit plusieurs croisières très-longues sur les côtes de Salé : ce Bâtiment resta près d'un an armé avec le même Équipage ; tous les malades, & ceux qui jouissoient d'une bonne santé, à l'exception néanmoins des premiers mois, furent presque entièrement nourris avec du riz dont on s'étoit approvisionné en Espagne ; & cette nourriture fut si salutaire, que le Commandant ne perdit pas un seul homme de ceux qui composoient l'Équipage de son Bâtiment.

M. de Marnieres commandant, en 1758, le vaisseau l'*Achille* ; M. le comte de Grasse, le *Zéphir* ; & M. Dumas la frégate la *Syrène* ; ces Bâtimens ayant tenu des croisières très-longues devant l'île Sainte-Hélène, tous leurs Équipages furent attaqués du scorbut à un très-haut degré ; les Maîtres même, & quelques Officiers n'en furent pas exempts. On relâcha à la baie des Saints ; mais ces Vaisseaux ayant été obligés d'en partir avant que les Équipages fussent rétablis, & les viandes manquant entièrement, on fut obligé de s'approvisionner de riz pour retourner en France : cette seule nourriture rendit la santé aux Équipages, malgré la longueur de la traversée entreprise dans une saison avancée.

En 1759, l'Escadre de M. le Comte d'Aché manquant de provision de toute espèce, tous les Équipages ne subsistèrent, pendant près de trois mois, qu'avec du riz cuit à l'eau sans autre assaisonnement. Le vin, le biscuit, la farine & les salaisons manquoient absolument, & les Matelots furent réduits à l'eau & à une très-petite quantité d'eau-de-vie de riz : malgré cela, M. le Breton, Chirurgien-major, & plusieurs autres personnes de l'Escadre, ont assuré que les Équipages ne s'étoient pas ressentis de cette disette apparente, & qu'à un peu de répugnance près que les Matelots avoient d'abord montrée pour cette nourriture fade, on ne pouvoit rien dire qui ne fût à son avantage.

En 1764, M. de Linière commandant en retour le vaisseau le *Salomon*, armé à Rochefort, & destiné pour aller à la Nouvelle-France, son Équipage fut attaqué, pendant la traversée, de diverses maladies, & principalement du scorbut. Les approvisionnemens ordinaires pour les malades ayant manqué, on fut obligé de les nourrir uniquement avec du riz : ils se rétablirent promptement & si bien, qu'ils reprirent tous le service du Vaisseau jusqu'à leur arrivée à la Nouvelle-Orléans.

En 1764, M. le Comte de Braquemonh, commandant la Frégate la *Terpsicore*, ayant tenu des croisières très-longues sur la côte de Salé, plusieurs de ses Matelots les plus paresseux, furent attaqués du scorbut; la plupart d'entr'eux avoient non-seulement les gencives fongueuses, livides & engorgées, mais encore les jambes œdémateuses & couvertes de petites taches; M. Herlin, Chirurgien dans cette Frégate, proposa à M. de Braquemonh & à M. de Baracé, Capitaine en second, de faire un plat particulier pour ces Malades, & de les nourrir uniquement de farineux, en leur retranchant la viande salée, & même encore la viande fraîche accordée aux autres malades du Vaisseau; le riz assaisonné avec le sucre, des pruneaux, des fèves blanches accommodées en falade, une petite dofe de vin de choix, furent les feuls alimens qu'on leur permit, & ils eurent pour boiffon ordinaire de l'eau la plus pure, battue avec quelques onces de miel. Par ce feul régime, fecondé d'un exercice convenable de la part de ces fcorbutiques qu'on ne difpenfa de travailler fur le pont que dans les temps de pluie & pendant la nuit; par l'attention qu'on eut de les loger fur le gaillard d'arrière, dans l'endroit le plus aéré du Vaiffeau, ils guérirent tous parfaitement à la mer; & ce qu'il y a de remarquable, c'eft que les gens auxquels on fit interrompre ce régime pendant les relâches, pour les faire jouir des rafraîchiffemens en viande & en légumes frais accordés au refte de l'Équipage, reprirent fans murmure, quoiqu'en bonne fanté, la nourriture végétale du bord dès qu'on remit en mer : ce régime les entretint dans un fi bon état, qu'aucun d'eux ne retomba malade pendant le refte de la campagne, quoiqu'ils euffent repris entièrement leur fervice, pendant que plufieurs autres Matelots qui avoient été exempts du fcorbut dans les premières croifières, vivant de falaifons à l'ordinaire, furent vivement attaqués de cette maladie dont ils guérirent auſſi à la mer, à la faveur du régime ſuivi par les premiers ſcorbutiques. Ils revinrent en France auſſi bien portant que le reſte de l'Équipage; de trois cents hommes dont il étoit compoſé, il n'en périt pas un ſeul pendant une campagne de ſept mois, dont ſix furent paſſés à la mer.

En 1765, M. Dazile, ancien Chirurgien-major de l'île Maurice, fut chargé du ſoin de plus de quatre cents malades ou convaleſcens provenans de Cayenne, & qui furent embarqués ſur le vaiſſeau l'*Éléphant*, pour être tranſportés en France. Ce Chirurgien prit le parti de nourrir tous ces individus de végétaux, principalement de riz & de gruau, & de leur faire diſtribuer de temps en temps quelques oranges & autres fruits du pays, dont on s'étoit approviſionné à Cayenne; cette nourriture, aidée du changement de climat, produiſit un ſi bon effet, que M. Dazile ne perdit qu'un ſeul homme dans une traverſée de ſoixante-treize jours, encore étoit-ce un Paſſager malheureux, qui s'étant gliſſé à bord sans permission, se trouva dans un état de pourriture si considérable, que lorsque le Chirurgien le vit, il avoit la moitié du visage gangréné: à ces faits, déjà très-concluans pour le régime végétal, ajoutons-en de plus récens qui concourent encore d'une manière évidente à prouver son efficacité dans des cas où il est impossible de la méconnoître.

M. Martel, de Nantes, ayant armé, en 1767, le Vaisseau le *Droyard* pour l'Inde, mit tout son Équipage à l'usage du riz & des substances légumineuses, dont il s'étoit abondamment pourvu par mon conseil : malgré le mauvais temps qu'il essuya à la mer pendant sept mois, il relâcha à l'Isle-de-France sans avoir perdu un seul homme, & même sans avoir eu aucun malade à son bord, quoique son Équipage fût de cent vingt hommes; évènement unique & jusque-là sans exemple. Les Vaisseaux de la Compagnie des Indes, le *Comte d'Argenson* & le *Berryer*, arivés le même mois dans la même Isle, & qui n'avoient tenu la mer que cinq mois, mirent cent quatre-vingts malades dans les Hôpitaux, & en perdirent quarante ; à quelle autre cauſe qu'aux ſalaiſons peut-on attribuer cette énorme différence dans le fort de ces divers Équipages? Les Bâtimens de la Compagnie avoient été approviſionnés ſelon l'ancienne méthode.

En 1770, la Cour ayant ordonné de faire l'épreuve des végétaux farineux dans le traitement des maladies des Gens de mer, la Frégate du Roi *(l'Écluſe)* fut choiſie pour cet eſſai, & l'on eut la ſatisfaction d'apprendre que plus de trente Matelots, pris de maladies plus ou moins graves, guérirent à la mer ſans qu'on en perdît un ſeul. Dans le nombre, on doit remarquer le nommé Thomas Guichard, dit le Gras, âgé de trente ans, cet homme qui fut embarqué à l'entrée de la nuit la veille du départ du port de Breſt, ſortoit des priſons auparavant, & il avoit paſſé pluſieurs mois dans les Hôpitaux; ſon viſage étoit bouffi, ſes gencives ſaignantes, ſes jambes & ſes jarrets étoient durs & gorgés, couverts de taches ſcorbutiques, & il ne pouvoit ſe traîner qu'à l'aide de béquilles. M. le Chevalier de Mervey, qui étoit de garde lorſque ce malheureux arriva, & M. de Vaucouleur, qui l'avoit également vu, en parlèrent dès le soir même à M. Herlin, qui visita le malade; & sur le compte qu'il en rendit au Capitaine, il lui fit réponse d'essayer si le nouveau régime pourroit redresser les jambes de ce scorbutique, & faire une aussi belle cure.

M. Herlin commença par faire établir un lit à ce malade, dans la partie destinée au gros des Équipages la plus aérée, la plus sèche & la plus voisine des cuisines & du feu; il le mit pour principale nourriture, à l'usage du riz, assaisonné avec le sucre, & aromatisé avec un peu de canelle, il y joignit des pruneaux le soir, & quelques onces de miel pour son déjeûner, il eut la ration ordinaire de vin & de pain frais, & pour boisson ordinaire, de l'eau de la cucurbite distillée depuis quelques jours, dans laquelle on faisoit fondre une certaine quantité de miel. Pendant les quinze premiers jours le temps fut si mauvais, si pluvieux & si froid, que le malade forcé de rester dans son lit, n'éprouva que très-peu de soulagement; le ventre, qui étoit constipé, étoit seulement devenu plus libre, & il y avoit un peu moins de bouffissure, mais la dureté des jarrets & des jambes paroiſſoit être reſtée au même point. Le temps étant devenu plus doux, le Chirurgien obligea ce ſcorbutique à ſe traîner ſur le pont & à faire le plus d'exercice poſſible en plein air. En moins de huit jours les jarrets & les jambes ſe dégorgèrent, les taches de livides qu'elles étoient, devinrent jaunes & ſe diſſipèrent peu-à-peu, le cours de ventre ſe mit de la partie, & ce ſcorbutique, de bourſoufflé qu'il étoit, devint ſec; mais loin que cette maigreur diminuât ſes forces, elles allèrent toujours en augmentant, ainſi que ſon appétit. Le cours de ventre s'étant enſuite rallenti de lui-même, on joignit à la boiſſon miellée une légère teinture de rhubarbe & de quinquina, qui y mit entièrement fin; par ces ſeuls ſecours la guériſon de ce malade fut ſi prompte & ſi complète, que dix jours avant l'arrivée de ce Vaiſſeau au Fort-Royal, ce Matelot faiſoit le ſervice ſur le pont toute la journée, tandis qu'il pouvoit à peine ſe traîner avec des béquilles lorſqu'il fut embarqué. Cet homme eſt revenu en France vigoureux & bien portant, quoiqu'il ait continué à la mer la nourriture végétale, à cela près des quinze premiers jours de la traversée pour revenir en France, pendant lesquels ayant voulu se mettre à la nourriture ordinaire, il ressentit dans tous les membres des lassitudes & des douleurs; mais elles disparurent bientôt après qu'il eut repris son régime végétal ordinaire.

Sur la fin de 1771, le Roi ayant ordonné l'armement de huit Bâtimens, tant Flûtes que Frégates, M. de Ruis ne voulant pas heurter de front le préjugé, quoique persuadé d'ailleurs de l'avantage qu'il y auroit à changer la nourriture des Matelots, crut devoir retrancher des approvisionnemens ordinaires, un quart de bœuf salé, toute la morue & la sardine, qui furent remplacés par les végétaux farineux; on changea aussi entièrement, ainsi que je l'avois proposé, le régime des malades; les légumes farineux avec de l'oseille & des oignons confits pour assaisonnement, furent substitués au mouton; on accorda, le soir, des pruneaux cuits avec un peu de cassonade; & à déjeûner, au lieu de beurre, des confitures; enfin, pour subvenir à des cas particuliers, on avoit embarqué quelques volailles, dont la distribution devoit se faire à raison d'une pour sept malades, avec la ration de pain ordinaire, & le vin, qui fut demandé de bonne qualité. Ces changemens, quelque légers qu'ils fuffent, produifirent un fi bon effet, que quoique l'on n'eut point embarqué d'ofeille & d'oignons confits pour les gens en fanté, tous les comptes rendus au Miniftre ont été favorables au régime adopté.

On voit même par le Journal de plufieurs Chirurgiens, que non-feulement ils n'ont eu que très-peu de malades à la mer, quelque longue qu'ait été leur traverfée, mais encore qu'il ne leur eft mort perfonne tandis que l'Équipage étoit à ce régime; c'eft ce que j'ai eu occafion de vérifier fur le journal de M. Fabre, Chirurgien de l'*Étoile*, & fur celui tenu par M. Durét, embarqué fur l'*Hirondelle*, commandée par M. de Kerfaint: ce dernier Chirurgien ne fait mention dans fon Journal de mer, que de neuf malades qu'il a eus, foit dans la traverfée pour aller à l'Amérique & pour revenir en France, foit pendant les fix mois de ftation qu'il a fait à la Martinique, encore doit-on remarquer dans ce nombre, qu'il comprend trois bleffés.

Les approvifionnemens de la *Flore*, commandée par M. Verdun de la Crene, ayant été les mêmes que ceux des Bâtimens précédens, mais n'y ayant eu fur cette Frégate qu'un quart de falaifons, & le repas de morue fupprimé, les gens bien portant n'ayant eu d'ailleurs ni ofeille, ni oignons ajoutés à leur nourriture; on a obfervé que fa miffion ayant duré près d'un an, pendant lequel ce Vaiffeau a changé fouvent de température & de climat; le fcorbut s'eft manifefté chez les Matelots, fans que ceux chez qui cette maladie étoit parvenue à un certain degré, aient pu être guéris à la mer par les farineux feuls; ce qui ne feroit, fans doute, pas arrivé, fi l'on eût pu affocier à leur ufage celui de l'ofeille confite, & cela, en quantité convenable; mais ce que l'on en avoit embarqué pour les malades s'étant, fur la fin de la campagne, trouvé gâté, parce qu'elle avoit été mal préparée, on fe trouva privé du plus efficace des fecours qu'on eût pu employer contre cette maladie. Les Matelots ne fe rétablirent parfaitement que dans les relâches, par l'ufage de beaucoup de végétaux frais alliés à de la viande fraîche & de bonne qualité.

En 1772, l'armement de l'Escadre du Roi, commandée par M. d'Orvilliers, ayant fourni à M. de Ruis, l'occasion de faire continuer les expériences du régime végétal, tant sur les Matelots en santé que sur les malades; cet Intendant connoissant de plus en plus combien il importoit à la conservation des Matelots de les amener insensiblement à une manière de vivre plus salutaire pour eux, prit le parti pour cette fois de réduire à moitié la ration de bœuf salé, outre la morue & la sardine dont la suppression fut absolue; il adopta au moins ce plan pour les Bâtimens de l'Escadre qui étoient les plus considérables & qui contenoient le plus de monde; il suppléa aux salaisons supprimées par des légumes farineux, tels que le riz, les féves & les pois, & il fit embarquer, pour assaisonnement, beaucoup d'oseille confite, & une certaine quantité d'oignons.

Des alimens de cette nature, & la précaution d'en ordonner la distribution de manière que la viande salée qui étoit accordée aux Matelots, étoit toujours cuite & mangée avec des légumes, il a eu la satisfaction de voir entrer les

Équipages

Équipages de ces Vaisseaux dans un meilleur état qu'ils n'étoient à l'instant de leur départ.

Il est vrai que la campagne ayant été douce, & n'ayant duré que trois mois, pendant lesquels il n'y a presque pas eu de pluie ni de gros temps, les causes de putridité qui dérivent de l'intempérie qui règne ordinairement à la mer, ont dû céder aisément au régime légumineux adopté; mais ce qui est sur-tout à l'avantage de ce régime, c'est que malgré qu'il ait été suivi dans les Bâtimens qui avoient été armés dans la mauvaise saison, un mois ou six semaines plus tôt que les autres qui avoient les Équipages les plus nombreux, & dans lesquels il y avoit beaucoup de malades avant de passer à ce nouveau régime, ils n'ont pas plus souffert que ceux des Bâtimens de moindre grandeur qui avoient armé plus tard, dont les Équipages moins nombreux & plus sains lors du départ n'avoient pas été mis à ce régime; ce qui établit un avantage marqué en sa faveur, pour peu qu'on veuille examiner la chose de près; mais rien ne peut prouver davantage cette vérité, que la guérison de plusieurs scorbutiques opérée à la mer par l'exacte observance du régime végétal, sous les yeux & par les soins de Mrs Chandon & Vives le jeune, tous deux Chirurgiens ordinaires du département de Rochefort.

Le premier embarqué sur le Vaisseau l'*Hippopotame*, après avoir fait mention dans son Journal, que l'Équipage de ce Vaisseau s'étoit très-bien accommodé de la nourriture végétale, & qu'il préféroit les repas de légumes au bœuf salé, & après avoir fourni une infinité de détails qui prouvent tous évidemment, que cette nourriture a été aussi agréable qu'utile aux Matelots, rapporte que les gens du Vaisseau où il étoit, avoient tellement souffert dans l'armement, qu'en moins de cinq jours qu'ils mirent pour se rendre de Rochefort à Brest, l'Équipage vivant alors de salaisons, il eut au plat vingt-cinq malades, dont deux moururent dans ce court trajet, & que les autres transportés en arrivant à l'Hôpital de Brest, y moururent pour la majeure partie; « Quelle différence aujourd'hui, dit M. » Chandon, nous arrivons à Brest, après » avoir tenu la mer pendant trois mois, nous » n'avons perdu personne, & il ne nous reste pas un seul malade à mettre à l'Hôpital! »

Les maladies qui ravagèrent, en 1757, l'Escadre de M. Dubois de la Mothe, & qui commencèrent à régner sur les Vaisseaux le *Duc de Bourgogne* & le *Glorieux*, dans lequel M. Chandon étoit armé en second, avoient le même caractère que celles qui se sont annoncées au commencement de la campagne dans les deux Vaisseaux l'*Hippopotame* & le *Fier*, elles avoient également paru dans le trajet de Rochefort à Brest, l'armement des uns & des autres s'étoit fait dans la même saison, & l'époque de leur départ remonte au même mois.

« Quelle différence cependant, remarque M. « Chandon, dès les premiers jours du départ « de Brest, la maladie ne fit que s'accroître « dans les Vaisseaux le *Duc de Bourgogne* & le « *Glorieux*, tandis qu'elle a cessé presque aussi- « tôt dans les Vaisseaux de M. d'Orvilliers, & « que les convalescens, loin d'être sujets à « des rechutes, se sont parfaitement rétablis « par le secours du régime végétal & par les « attentions de toute espèce qu'on eut pour « rendre l'air pur & salubre dans l'intérieur « du Bâtiment! aussi n'ai-je eu, ajoute ce «

» Chirurgien, que très-peu de malades, parmi
» lefquels quatre fcorbutiques, qui le font
» devenus dès le commencement de la cam-
» pagne, & que j'ai guéris à la mer fans autre
» remède que la nourriture végétale abfolue,
» fecondée par l'ufage de l'hydromel & de
» la boiffon préparée avec la crême de tartre
& le fucre. » De ces quatre malades, deux
étoient Charpentiers ; favoir, les nommés Lefel
& Ribardiere ; & deux Soldats, dont l'un
nommé Berlin & l'autre Dubois, qui font
rentrés bien portans, fans avoir fait ufage,
pendant leur maladie, ni de viandes fraîches,
ni de végétaux frais : ce qui eft une preuve bien
évidente que ces végétaux peuvent en quelque
forte être fuppléés par les légumes fecs, &
que ceux-ci aidés par des moyens qu'on peut
aifément fe procurer, peuvent être regardés
comme des antifcorbutiques ; mais voici une
nouvelle preuve de leur efficacité.

M. Vives le jeune, Chirurgien-major de
la Frégate la *Tourterelle*, après s'être plaint
avec tous les Chirurgiens de l'Efcadre du peu
d'attention que l'on avoit apportée dans la
préparation de l'ofeille, affure avoir tiré du

régime végétal tel que je l'avois conseillé, un très-bon parti pour le rétablissement de tous les malades, & il ajoute qu'à la faveur de ce régime, il a guéri à la mer trois scorbutiques, sans s'être servi de l'extrait d'oseille introduit par M. de Courcelles pour le régime des malades, lequel ne peut être rendu par cette addition, ainsi que le démontre ce Chirurgien, que plus désagréable, moins salubre, plus dispendieux, & plus susceptible d'abus de la part des fournisseurs; mais en parlant de trois scorbutiques guéris, il ne comprend pas dans ce nombre M. de Lastre Diagat, Garde de la marine, embarqué sur la même Frégate. Cet Officier, d'une santé fort délicate, voyant ses jambes enfler quelques jours après le départ du port, en parla au Chirurgien qui, les lui ayant visités, les trouva couvertes de taches; mais ce symptôme très-caractéristique du scorbut, n'étoit pas le seul qui se manifestât alors chez ce malade: il avoit les gencives fongueuses & ulcérées, il ressentoit des douleurs dans les articulations, & éprouvoit des maux d'estomac assez considérables. M. Vives, consulté, ayant cru voir dans le régime végétal un moyen propre à combattre tous ces accidens, le conseilla au malade, qui après avoir cessé absolument l'usage de la viande, ne se permit plus avec les légumes qu'on lui fournissoit, qu'un peu de soupe grasse chargée de beaucoup d'oseille ; malgré cette conduite, toute sage qu'elle étoit, tous les symptômes augmentèrent encore dans les premiers jours, l'engorgement des extrémités devint extrême, & gagna même le tronc ; mais au bout d'un mois de persévérance dans ce régime, les accidens diminuèrent peu à-peu ; l'enflure se dissipa, les taches s'effacèrent, les gencives se raffermirent, l'estomac se rétablit, & cet Officier se trouva aussi alerte quinze jours avant la rentrée dans le port, que s'il n'avoit point essuyé de maladie ; il étoit même si persuadé de sa parfaite guérison, que lorsqu'on voulut lui dire que son scorbut n'étoit que pallié, il se mit à rire en affirmant lui-même son entière guérison.

Le premier scorbutique de l'Équipage, nommé Gedeon Masson, Matelot, âgé de vingt-un ans, avoit les gencives ulcérées, saignantes & fort gorgées, les extrémités inférieures œdémateuses couvertes de taches, & les articulations du genou douloureuses & gorgées.

Le second, nommé Jean Pallié, âgé de trente-deux ans, avoit également les gencives tuméfiées & saignantes, les extrémités inférieures, & les genoux durs, enflés, douloureux & parsemés de quelques taches.

Le troisième scorbutique, appelé Louis Pagé, Soldat, âgé de trente-six ans, avoit les gencives en très-mauvais état, elles étoient fongueuses, livides & très-sensibles, & il éprouvoit outre cela des douleurs très-vives dans toutes les articulations, & particulièrement dans les genoux; ces trois scorbutiques qui ne l'étoient même devenus qu'à la suite de fièvres intermittentes qu'ils avoient essuyées, ont été guéris à la mer par le régime végétal le plus strict, puisqu'on ne leur a pas permis de manger une seule fois de la viande, encore moins de faire usage des tablettes de bouillons de M. de Courcelles, que M.rs Mestier, Chandon, le Coat, Vives, & même M. Auffray ont condamnées d'une voix unanime.

On voit facilement par les faits que je viens

de rapporter, que non-seulement les végétaux frais guérissent le scorbut à la mer; mais encore que les farineux secs, quoique infiniment inférieurs aux premiers, peuvent, étant préparés convenablement, approcher de leur efficacité. Si Boërhaave, & quelques autres Auteurs ont paru penser différemment, c'est qu'ils ont confondu le vrai scorbut qui est une maladie chronique essentiellement putride, avec les obstructions, les engorgemens humorals qui naissent de l'usage de certains farineux grossiers, tels que les pois & les fèves, chez certaines personnes, qui sans faire beaucoup d'exercice, & sans les assaisonner convenablement, en font leur principale nourriture. Boërhaave avoit bien senti cette différence qui lui fit admettre un scorbut acide, dont les progrès sont infiniment plus lents que ceux du scorbut putride: mais l'on ne peut s'empêcher de voir que le grand Boërhaave a confondu sous le même nom générique deux maladies essentiellement différentes; car comment concevoir que le scorbut puisse être produit par une nourriture acescente, lorsqu'il est généralement prouvé par des faits, que les plus puissans remèdes de cette maladie font tirés des végétaux qui ont le plus d'acidité, & que les farineux même les plus grossiers, deviennent par la fermentation qui leur est propre, les correctifs de la putréfaction qui s'empare des matières animales abandonnées à leur mouvement spontané. Cette propriété antiputride des farineux, étoit connue dès le temps d'Hippocrate, il les ordonnoit au lieu des bouillons de viande dans les maladies où la putridité étoit marquée, & il en augmentoit l'efficacité par l'addition du vinaigre & du miel. L'horreur que la plupart des malades ont alors pour la viande, & pour ce qui n'est pas acide ou aqueux, avoit sans doute déterminé la conduite de ce Prince de la Médecine. Ce dégoût, dont je suis moi-même si souvent le témoin, & qui se rencontre encore plus fortement chez les gens de mer, presque toujours attaqués de maladies putrides, & auxquels on ne peut fournir à la mer que des viandes & du bouillon de mauvaise qualité, ou de mauvaises tablettes de viande faciles à s'altérer, & qui valent encore moins; ce dégoût, dis-je, ne prouve-t-il pas combien il étoit intéressant de changer l'ancienne méthode de nourrir les malades à la mer, de lui substituer le régime que j'ai proposé, & qui consiste en ce qui suit pour chaque convalescent en état d'avoir la portion entière!

A déjeûné, la ration de pain, une once de confitures, & un quart de vin de Bordeaux, si c'est un convalescent ordinaire. Si c'est un scorbutique, une pareille quantité de vin cuit.

A dîner, la soupe préparée avec le riz, un septième de poule avec un oignon pour assaisonnement & l'oseille confite, un quart de vin & le pain à l'ordinaire.

Le soir à soupé, alternativement trois onces d'orge, quatre onces de riz ou de pruneaux cuits avec la cassonade, ou bien l'orge ou le riz aromatisé avec la canelle, le gingembre ou la noix muscade, & la ration ordinaire de pain & de vin.

Il seroit encore essentiel qu'on embarquât outre les objets de consommation, tant pour les malades que pour les convalescens, & même les Matelots en santé, une certaine quantité de suc de raisin bien cuit; c'est un excellent antiscorbutique, dont je ne saurois assez recommander l'approvisionnement, & qu'il est facile de se procurer à vil prix: on pourroit dans les Colonies, y suppléer par les Robs de citrons, d'oranges, ou à leur défaut, par un mélange de crème de tartre & de sucre, auquel on joindroit quelques grains de résine de gaïac.

Quant au régime auquel doivent être assujétis ceux des malades, dont l'état exige la diète; on peut assurer qu'une partie de farine d'orge ou de riz, légèrement rôtie au four sur seize parties d'eau, suffira pour le bouillon dont ils devroient faire usage, mais on y ajoutera un peu de cassonade & un peu d'oseille confite; si l'espèce de maladie exige encore une diète plus sevère, on rendra les décoctions plus légères en les passant; & lorsque ces maladies seront de celles où il y a, soit chaleur ardente, soit des signes de putridité manifeste, on ne sauroit mieux faire que d'ajouter un peu de vinaigre à ces bouillons de végétaux; & lorsque le malade entrera en convalescence, après la disparition des signes de putridité, il pourra passer à l'usage de l'orge ou du riz cuit avec la volaille, assaisonné avec l'oseille ou l'oignon & un clou de geroffle. M. de reçus, lors même qu'ils étoient affectés gravement*, & après des faits qui auroient dû le convaincre, s'il avoit voulu l'être ! Par quel motif a-t-il été retenu dans une routine condamnable, lors même qu'il paroissoit vouloir s'en dégager ! Étoit-ce complaisance pour les Entrepreneurs des Hôpitaux ! En ce cas, il eût été mauvais calculateur; l'adoption du nouveau plan ne pouvoit tourner qu'à leur profit.

Mais ce n'est pas seulement dans le cas de scorbut, que le régime végétal mérite la préférence sur la nourriture fournie par les substances animales; on ne doit pas balancer sur le choix dans les fièvres *putrides, malignes, qui sont les maladies les plus ordinaires aux Gens de mer :* le raisonnement à cet égard, est par-tout d'accord avec l'expérience, ainsi qu'on l'a déjà vu.

---

* *Voyez* ce que j'ai dit ci-devant du succès étonnant qu'a eu M. Fournier, Médecin de la Marine à Brest, & Confrère de M. de Courcelles, dans le traitement des Scorbutiques les plus désespérés, par les végétaux frais & la soustraction de toute nourriture animale.

L'on voit par-là que les farineux qui font une partie du régime végétal, sont d'autant moins contre-indiqués dans les maladies des Gens de mer, que celles-ci tiennent toujours plus ou moins de la putridité. Ce qui doit encore rassurer sur l'usage de ces substances chez les Matelots, c'est qu'on a remarqué que tandis que toutes les autres facultés de la machine s'affoiblissoient, les organes digestifs conservent leur vigueur, ce qui a lieu plus particulièrement dans le scorbut & à la suite des fièvres putrides. Dans ces cas, les sucs digestifs se ressentent de l'altération putride générale, ils fournissent à la digestion un ferment plus puissant, plus actif, qui devient alors plus nécessaire; la maladie ayant fait plus de ravages dans les liqueurs, elles ont plus de besoin de matériaux réparateurs d'une certaine tenacité, & qui par conséquent soient éloignés autant qu'il est possible, de la décomposition putride à laquelle ils ne sauroient échapper plus tôt ou plus tard, dès qu'ils ont été une fois admis dans les filières animales. Aussi a-t-on remarqué que les personnes qui se trouvent le mieux de la nourriture végétale, sont celles qui ont des difpofitions au fcorbut, ou bien celles qui faifant beaucoup d'exercice, & qui perdant confidérablement, ont befoin d'une nourriture qui fournifse des principes difficiles à s'altérer, à fe défunir, & peu fufceptibles d'une prompte diffipation; de-là vient que la nourriture végétale eft fi avantageufe, tant pour conferver les Matelots en fanté, que pour les rétablir des maladies qu'ils auront effuyées.

Si un mélange des fubftances animales avec beaucoup de végétaux, paroît fournir la nourriture la plus convenable aux gens qui fe portent bien, qui font peu d'exercice, qui vivent dans un air falubre & dans un climat tempéré; il n'en eft pas tout-à fait de même de celle qui convient aux gens de la campagne, dont les travaux font pénibles, & fur-tout aux Matelots qui font fans cefse environnés de caufe de corruption. Un pareil mélange, bien loin de leur être abfolument néceffaire, peut au contraire, leur être quelquefois nuifible, & cela, dans les cas fur-tout où l'intenfité des caufes qui déterminent la putridité à la mer fera augmentée; alors, bien loin de recommander ce mélange,

il

il seroit fort utile que le Capitaine fît retrancher toute espèce de viandes salées, & qu'il augmentât la ration des farineux & des légumes confits. Une certaine quantité de vin cuit seroit d'autant plus salutaire dans ces circonstances, qu'en relevant le ton des solides abattus, il augmenteroit par son corps muqueux très-imprégné de ce fluide conservateur, nommé improprement *air fixe*, l'efficacité du régime végétal ; au défaut de cette liqueur, rien n'en remplaceroit mieux l'effet, sur-tout dans les climats du Nord, que l'usage du café en petite quantité ; ces denrées sont à si bon prix dans nos Colonies, & on en a vu de si bons effets, qu'on ne sauroit trop en recommander l'approvisionnement dans les Navigations de long cours, & lorsque l'on craint de manquer de légumes confits.

En vain voudroit-on objecter que les farineux ne sont pas assez nourrissans, & que la nourriture pour la plus grande partie végétale, ne sauroit suffire à un Matelot pour l'entretenir dans cet état de vigueur qu'exigent les manœuvres auxquelles il est destiné. Une pareille objection tombe d'elle-même, dès qu'on réfléchit qu'il n'est pas ici question de choisir sur toutes les espèces d'alimens possibles, on est restreint dans son choix, & il s'agit de le faire tomber sur celles des substances dont on peut fournir aisément des Vaisseaux, qui peuvent se conserver assez long-temps pour des voyages de long cours, & qui méritent la préférence sur l'espèce d'approvisionnement qu'on faisoit pour la subsistance des Équipages, dans l'impossibilité de leur fournir de la viande fraîche, & sur-tout des végétaux frais en assez grande quantité. Les légumes secs, quoiqu'inférieurs en vertu à ceux-ci, les farineux qui contiennent les mêmes principes, ne doivent-ils pas l'emporter sur les salaisons dont les pernicieux effets sont connus, lors même qu'ils ne seroient pas plus nourrissans que des substances animales déja altérées ! Seroit-il raisonnable de préférer à une nourriture qui prévient & aide à guérir des maladies très-graves, celle qui contribue le plus à les faire naître ! un évènement frappant que je tiens de M. le Chevalier Fouquet, qui en a été le témoin à bord du Vaisseau le *Caribou*, est bien propre à porter sur cet objet la conviction dans tous les esprits. Cet Officier général, dont le témoignage mérite d'être respecté, a vu son Vaisseau, faisant partie de l'Escadre de M. le Duc d'Anville, sauvé par vingt Soldats de Marine qui s'étoient garantis du scorbut, si universel dans cette Escadre, pour s'être privés, autant par économie que par goût, de toute salaison, & pour n'avoir vécu que de légumes secs, de biscuit, avec la ration ordinaire de vin, & la soupe de l'Équipage.

Ajoutons à cet exemple que les farineux contiennent en abondance tous les principes qu'on retrouve dans le chile; leur extraction seule en est difficile faute d'avoir éprouvé une fermentation primitive, qui donne plus de prise sur eux aux sucs digestifs; il résulte, il est vrai, de-là, que chez des sujets où ces sucs n'auroient pas beaucoup d'énergie, ou seroient fort éloignés de l'état d'alkalescence, cette espèce de nourriture continuée pourroit donner lieu aux maladies désignées par Boërhaave, *de morbis spontaneis ex acido humore;* mais chez les Matelots qui font de l'exercice, dont les sucs digestifs, ainsi que les humeurs dont ils sont extraits ont presque toujours une tendance marquée à l'alkalescence, l'extraction des

O ij

principes alimentaires contenus dans les farineux, se fait aisément & promptement, & la disposition qu'ils ont à une fermentation acide spontanée dès qu'ils sont dans l'estomac, bien loin d'être un inconvénient qu'on doive craindre, est au contraire un avantage qu'on doit rechercher. Que l'usage continué des farineux puisse être nuisible aux tranquilles Citoyens des Villes, aux gens oisis & paresseux, ennemis de l'exercice, personne n'en doute, mais il ne peut pas l'être aux gens occupés à des travaux, à des exercices pénibles, chez lesquels les mouvemens musculaires accélèrent l'oscillation du cœur & des artères, & hâtent la progression du sang, augmentent sa trusion, & amènent par-là plus promptement cet état d'alkalescence, ou plutôt cette disposition à la putridité qui est le dernier terme où tendent les humeurs animales ; les nourritures végétales tenaces & acescentes, ne deviennent-elles pas même alors la seule espèce d'alimens indiquée par la Nature, toujours attentive à la conservation des êtres! N'est-ce pas aux oscillations très-fréquentes du système artériel des enfans, à leur activité surprenante, & à leur propension pour tous les exercices qui augmentent encore la force & la vîtesse de ces oscillations, qu'ils doivent la faculté de digérer les alimens les plus grossiers & les plus indigestes ; cette bouillie, contre l'usage de laquelle on s'élève avec tant de raison, produiroit bien d'autres désordres que ceux que nous lui reprochons, sans cette oscillation fréquente des vaisseaux des enfans, & sans cette inclination active qui leur est naturelle, & qu'il faudroit bien se garder de réprimer ; elle est chez eux un besoin qui devient d'autant plus nécessaire, qu'ils font usage d'alimens plus grossiers & plus acescens. Si l'on considère encore que les substances farineuses, abondamment pourvues d'une substance muqueuse & glutineuse qui s'épaissit au feu, & qui, par-là, a une ressemblance bien marquée avec la lymphe animale, l'on voit qu'ils doivent jouir à un haut degré de la faculté nutritive, & dès-lors l'on ne sauroit balancer sur le choix des alimens que l'on doit accorder aux Équipages des Vaisseaux sans renoncer à tout principe. Peut-on d'ailleurs ignorer que les farineux, même les non fermentés, font la base de la nourriture de la plupart des

O iij

hommes qui peuplent l'Univers ! N'y a-t-il pas des contrées entières en France où les payſans, à cela près d'un peu de lard de temps en temps, ne ſe nourriſſent que de farine de blé noir, de pois, de féves, de pommes de terre, ou de châtaignes.

La force & la vigueur du peuple Auvergnat & Limoſin ſont connues, & cependant ils ne vivent, en grande partie, que de farineux. Les Corſes, ce Peuple robuſte ne vit preſque, dans ſes montagnes, que de châtaignes & de fruits; il n'y a guère que les habitans de leurs Villes, & ceux qui avoiſinent les côtes maritimes, qui ſont dans l'habitude de vivre de viande & de poiſſon. Les Brachmanes, ces anciens Philoſophes qui fleuriſſoient dans l'Inde, lorſqu'Alexandre y fit ſon expédition, ne vivent encore aujourd'hui que de végétaux; les Habitans du Breſil ne ſe nourriſſoient autrefois que de blé, de maï, de ſucre & de fruits; leur ſtature étoit très-haute, & à cent ans l'on en voyoit d'auſſi robuſtes que peuvent l'être nos Européens à ſoixante. On ſait d'ailleurs par la tradition, que nos anciens Pères ne vivoient que de fruits, & que l'on ne chaſſa pas avant

Tubalcaïn; Asclépiade de Cypre place au temps de Pigmalion l'époque du premier usage des viandes, & il dit que les Sarcophages étoient regardés comme des scélérats.

Les pois, suivant M. Geoffroi le Médecin, fournissent une bonne nourriture, & conviennent en tout temps, principalement aux jeunes gens; j'en ai indiqué la raison; Ray ajoute que les poids verds mangés cruds par ceux qui ont contracté le scorbut, leur sont fort convenables. Isiodore, *l. XVII,* assure que les fèves ont été le premier légume dont les hommes ont fait usage. Pline dit aussi qu'elles étoient fort estimées chez les anciens Latins. Mendinus, *p. 121,* rapporte qu'il a connu un homme qui, dans la cherté des vivres, a nourri ses enfans uniquement de fèves cuites à l'eau simple, & qu'ils avoient la meilleure santé & les plus belles couleurs du monde. Que dirons-nous enfin de nos anciens Anachorètes chrétiens, qui, pour fuir les plus cruels supplices, se retiroient dans les déserts, où ne vivant que d'herbes, de racines & de légumes, ils parvenoient au plus grand âge. Lorsque Pythagore défendit de manger du bœuf & de quelques autres animaux, il cita

O iv

les temps les plus reculés; qu'on examine d'ailleurs les organes de la digestion de l'homme, la longueur & la capacité de ses intestins, on ne pourra s'empêcher de le regarder comme étant principalement destiné à vivre de végétaux. Les animaux, que leur instinct porte à préférer cette nourriture, ont, comme l'homme, les intestins vastes, longs, très-repliés, & des tuniques musculeuses très-foibles, tandis qu'au contraire, les animaux carnaciers ont le canal intestinal court, étroit, & doué d'une action d'autant plus forte, qu'ils l'empruntent de fibres musculaires très-nombreuses, qui entrent dans la composition des tuniques de ce canal, afin que, dans ces animaux, les viandes qui sont la base de leur nourriture, ne séjournent pas trop long-temps dans leurs organes.

Je sais, à la vérité, qu'à ne considérer que les mâchoires de l'homme, ainsi que la manière dont il vit, on pourroit le regarder avec fondement comme un animal *omnivore*, & fait par conséquent pour vivre dans tous les climats, & de toute espèce d'alimens; mais tout ce que l'on pourroit conclure de cet examen, c'est que l'homme n'ayant que quatre dents canines sur le nombre de trente-deux, qui arment les deux mâchoires, il s'ensuit toujours qu'il étoit destiné par la Nature à se nourrir plus spécialement de végétaux, & sur-tout de farineux, ainsi qu'il est démontré par le nombre de ses dents molaires ; que dans les climats froids, ainsi que dans ceux où l'air est en même temps sec, & peut se renouveler avec facilité, la putréfaction s'emparant plus difficilement des substances qui en sont susceptibles, les hommes & les animaux peuvent vivre sans grand danger, de viande, & même de poisson salé pendant un certain temps; cette possibilité est réduite en fait dans les montagnes d'Écosse, & sur-tout en Groënland, où les hommes & les bestiaux vivent pendant l'hiver de poisson desséché, sans en paroître bien incommodés, tandis que dans les climats chauds, dans ceux qui sont constamment humides & sur-tout marécageux, l'homme le plus sain ne sauroit se nourrir de viande & de poisson salés, sans être exposé au scorbut ou à des maladies épidémiques, d'autant plus funestes, que la putréfaction en est l'instrument; de-là vient cet instinct supérieur à tout raisonnement, qui porte l'homme à préférer, dans ces climats, la nourriture végétale à toute autre; mais le defir, cet appétit pour les végétaux eft toujours le même chez les Marins, parce que dans le climat où ils naviguent, ils font prefque toujours dans un air humide qui a peu de reffort: l'atmofphère dans laquelle ils vivent eft même d'autant plus mal-faine dans les climats froids, que les occafions de renouveler l'air des calles & des entreponts fe préfentant rarement à caufe des mauvais temps, ils font dans le cas de refpirer, au moins pendant la plus grande partie de la journée, un air chargé de vapeurs aqueufes qui tiennent beaucoup de parties animales putréfiées en fufpenfion ; on fait trop ce que peut produire un pareil agent, pour ne pas voir qu'il entraîne auffi la néceffité de nourrir les Matelots principalement de végétaux, fur-tout à la mer, & que c'eft le feul moyen de les préferver de ces maladies putrides graves qui fo t un fi grand ravage parmi eux.

Si l'on en croit ce qui a été publié en Angleterre, & tiré des réponfes faites aux Communes; fur cent quatre-vingt-cinq mille hommes qui ont été levés dans ce Royaume pour le fervice de mer pendant la dernière guerre, plus de cent mille ont péri de maladies; & si l'on se rappelle les ravages affreux qu'elles ont faits, principalement dans les Escadres de M.^{rs} d'Anville, d'Antin & Dubois de la Mothe, n'a-t-on pas une réunion de motifs qui ne doit plus permettre d'hésiter à changer l'ancienne manière de nourrir les Matelots à la mer, pour y substituer une nourriture dont les végétaux fassent la plus grande partie !

Le but d'entretenir les Équipages en santé, de prévenir parmi eux le scorbut & les autres maladies putrides, & celui enfin de les guérir de ces cruelles maladies, peut-être au moins en très-grande partie, sera rempli par un régime végétal approprié aux circonstances; on ne sauroit en douter après ce que j'ai dit jusqu'ici : mais comme parmi le grand nombre de fruits & de légumes, soit farineux ou autres, qui peuvent concourir efficacement à la conservation des Matelots, il est des raisons de préférence qui doivent en déterminer le choix, il faudra y avoir égard ; ceux qui sont d'un approvisionnement facile & moins dispendieux, d'une conservation aisée, d'un goût agréable aux Matelots, seront ceux dont il faudra sur-tout se pourvoir, en négligeant ceux qui avec quelques degrés d'efficacité de plus, entraîneroient, soit trop de dépenses, soit trop de soin; on est forcé malgré soi, de sacrifier quelque chose aux circonstances; mais on ne doit rien négliger pour compenser ces sacrifices par des précautions dont on est les maîtres.

L'oseille, par exemple, venant par-tout abondamment, & son usage étant aussi salutaire qu'agréable aux Matelots, l'on ne devra rien épargner pour s'en procurer une quantité suffisante, & veiller principalement avec la plus sévère exactitude à ce qu'elle soit préparée avec soin, & de façon qu'elle puisse se conserver dans les voyages de long cours; on en a vu qui, après des retours de campagnes assez longues, n'avoit éprouvé aucune altération; ce qui est arrivé une fois doit arriver cent: tout dépend de l'attention que l'on apporte dans la préparation; c'est un point capital d'approvisionnement sur lequel j'insiste d'autant plus, que les Équipages de l'Escadre commandée l'année dernière par M. d'Orvilliers, préféroient la soupe avec l'oseille confite, à celle dans laquelle on mettoit quantité de choux frais qu'on leur apportoit de terre dans les relâches; c'est un fait dont la preuve est consignée dans le Journal de M. Chandon, Chirurgien de l'*Hippopotame*, & attesté des Officiers de ce Vaisseau; je tiens aussi de l'Officier général commandant cette Escadre, que l'Équipage du Vaisseau qu'il montoit étoit si content de la soupe assaisonnée avec l'oseille, qu'il l'appeloit *soupe de Roi;* la même préférence a été observée par Mrs Mestier, le Coat & Vives le jeune, tous trois Chirurgiens-majors sur les Vaisseaux de l'Escadre. Avec de pareils témoignages en faveur d'un légume dont l'efficacité est reconnue dans toutes les maladies des Gens de mer, ne redoublera-t-on pas de soin pour le préparer de façon à le conserver long-temps ! . cet objet n'est-il pas assez important pour être le sujet d'un prix accordé par l'État au Programme tel que celui-ci : *Trouver le moyen de préparer pour la mer toute sorte de légumes, où soient compris le choux, les oignons, l'oseille, le riz, les pois, les fèves & les lentilles, de façon que sans perdre leurs propriétés, ils puissent se conserver le plus long-temps possible sans altération.* Avec une récompense proportionnée à l'avantage qui résulteroit de la solution de cette question, ce seroit un bienfait digne du Monarque françois & du Ministre de la Marine: comment une question aussi utile & qui tourne aussi directement à l'avantage d'une portion d'hommes si précieuse à l'État, a-t-elle pu échapper à la sagacité de toutes les Académies instituées pour le progrès des Sciences & des Arts! On peut sans inconvénient, ignorer toutes les profondeurs de la théorie de la Lune, la cause de la pesanteur des corps, celle de l'ascension des liquides au-dessus de leur niveau dans les tuyaux capillaires, celle de l'incommensurabilité d'un des côtés d'un quarré avec sa diagonale, le moyen même de déterminer exactement les longitudes en mer, &c. &c. mais combien de victimes ne nous a pas coûté notre ignorance sur un point qui n'a besoin que d'être proposé, pour être éclairci à la satisfaction de tous ceux qui s'intéressent à la promulgation de ce qui est utile!

L'observation que je viens de faire, nous fournit la preuve que ce qui est le plus utile, est rarement l'objet de nos recherches; la conduite des hommes de tous les siècles & de tous les pays, a été si uniforme à cet égard, qu'elle a perdu le droit de nous étonner; mais qu'un Chirurgien, embarqué dans l'Escadre que je viens de citer, malgré le témoignage unanime des Officiers de cette Escadre, des autres Chirurgiens qui s'y trouvoient, & la satisfaction qu'éprouvoient les Équipages, toutes les fois que l'oseille confite entroit dans leur repas, veuille donner l'exclusion à un aliment aussi salutaire, pour lui substituer les choux préparés, c'est ce que l'on ne devoit pas attendre. Nous recommandons certainement les choux aussi-bien que lui, parce qu'il faut varier les moyens, & éloigner cette uniformité qui est souvent la source du dégoût: mais M. Auffray ignoreroit-il que les plantes acides, telles que l'oseille, indépendamment de leur plus grand agrément, ont encore l'avantage de surpasser en efficacité tous les autres légumes, soit pour prévenir le scorbut ou le guérir, soit pour combattre les autres maladies putrides? ce qu'il dit à cet égard dans son Mémoire présenté à l'Académie de Marine le 1.er Octobre 1772, me feroit présumer que c'est une méprise, si ce Mémoire ne nous offroit pas d'autres inconséquences ; il propose les sucs aigres de citrons, il approuve le vinaigre accordé par l'Ordonnance aux Équipages, il veut même qu'on en étende l'usage jusqu'à en mettre dans la soupe des malades, il est alors dans les bons principes ; mais ils ne doivent pas lui faire donner l'exclusion à l'oseille. Seroit-ce parce qu'elle se seroit trouvée gâtée dans quelques pots qu'il la proscriroit ! Ce seroit une raison suffisante si un pareil exemple entraînoit l'impossibilité de la conservation de ce légume, mais il s'en faut de beaucoup qu'on puisse en conclure rien de tel.

Une des inconséquences les plus frappantes de M. Auffray, c'est qu'après avoir dit, comme Lind, qu'il a transcrit mot pour mot, que les salaisons n'étoient que des causes auxiliaires du scorbut, & qu'elles étoient peu propres à fournir une nourriture capable de réparer les pertes du corps ; après être convenu avec tous les Auteurs que rien n'étoit plus efficace pour surmonter cette maladie putride, que les acides des végétaux, il ne craint pas de présenter les substances végétales farineuses non fermentées, & qui conservent

conservent leur caractère acide jusque dans les secondes voies, comme une nourriture plus putrescible que les viandes salées qu'il leur préfère; la prévention va même jusqu'à lui faire oublier tout principe. Cette acidité qu'il condamne dans les végétaux farineux, bien loin d'être nuisible, ne peut que devenir avantageuse aux Gens de mer, destinés à des travaux pénibles, & sans cesse environnés de causes de corruption qui altèrent leurs humeurs en enlevant, ou peut-être en éloignant ce principe conservateur, qui ne sauroit leur être restitué assez abondamment par des viandes sans sucs à demi corrompues, ou qui n'étant susceptibles que d'une fermentation putride, ne peuvent qu'augmenter cette disposition dont la fermentation acide naturelle aux farineux devient le correctif. Aussi Pringle a-t-il observé que la viande gâtée mêlée avec une certaine dose de substances farineuses non fermentées, & à un degré de chaleur convenable, continuoit à se corrompre dans les premiers momens, mais que les acides que renferment les farineux se développant par la fermentation, bien loin que la pourriture de la viande allât en augmentant,

P

elle cessoit, au contraire, entièrement ; les mêmes phénomènes se présentent avec les végétaux frais, mais d'une manière plus prompte & plus efficace, d'où leur vient la préférence qu'on doit leur accorder sur les farineux dans le traitement du scorbut. Mais en conclura-t-on avec M. Auffray, qu'ils ont plus de part à la putridité des humeurs chez les Marins, que les viandes salées d'où elles tirent spécialement naissance, lorsque tout prouve que les farineux possèdent évidemment la vertu de la combattre! Lind lui-même, dont le témoignage est si souvent invoqué par ce Chirurgien, étoit si persuadé de cette vérité, qu'il conseille dans plusieurs endroits de son Ouvrage, les farineux les plus légers à ses Malades, & il ne craint pas de dire qu'avec de la bouillie d'orge, d'avoine, & un peu de choux-croûte, on auroit pu sauver l'Escadre de l'Amiral Anson des ravages affreux que le scorbut fit parmi ses Équipages.

M. Murray, Chirurgien Anglois, rapporte qu'il a nourri à la mer avec succès, un scorbutique avec l'orge, le riz & le sagou. Woald a vu de très-bons effets dans le scorbut, d'une nourriture préparée avec le gruau & le sucre n'est-ce pas à la vie sobre des anciens Romains, à la privation des viandes salées qui n'étoient pas en usage parmi eux, & à la grande consommation qu'ils faisoient des végétaux & du vinaigre, que l'on dut attribuer l'absence du scorbut dans leurs légions, pendant le temps qu'elles demeurèrent en quartier en Pannonie, & dans les endroits marécageux des Gaules?

Quoique la plupart des substances farineuses non fermentées, se digèrent difficilement, & que Boërhaave ait fait le dénombrement des maladies qui peuvent naître d'un acide spontané, il en faut seulement conclure que l'usage de ces légumes qui contribuent sans doute à la force & à la vigueur de nos Campagnards, parce qu'ils fournissent des principes qui résistent à une trop prompte dissipation, & qu'ils remédient abondamment aux pertes qui naissent de leurs travaux forcés, ne doivent point être, ainsi que je l'ai déjà dit plus haut, la nourriture ordinaire des habitans des villes qui vivent dans l'inaction; & par la même raison, nos Paysans ainsi que nos Matelots, ne soutiendroient pas leurs pénibles occupations, s'ils étoient réduits à ne vivre que des alimens légers & fucculens, qui fuffifent à notre fubfiftance, & qui font proportionnés à la force de nos organes digeftifs.

Comment, après des faits qui ne peuvent être ignorés de perfonne, M. Auffray ne craint-il pas d'avancer dans fon Mémoire, que les farineux ne font propres, ni à réparer les forces des Matelots, ni à les entretenir en fanté! & comment encore ofe-t-il apporter en preuve l'Équipage de la *Belle-poule*, qui ayant été plus de cinq mois à cette nourriture ftrictement, & rentré dans le Port, fans avoir perdu un feul homme, & n'ayant mis que deux malades à l'Hôpital, l'un qui étoit un ancien poitrinaire, & l'autre un vénérien! Pourquoi M. Auffray ne fait-il pas mention de l'état d'épuifement dans lequel étoit tombé l'Équipage de la *Dédaigneufe* fur laquelle on a fuivi le régime végétal! il étoit le Chirurgien de ce Bâtiment. En cette qualité feroit-il fâché d'être rentré à Breft, après trois mois de mer, fans avoir perdu un feul homme, & de n'avoir pu envoyer en arrivant que deux hommes à l'Hôpital, encore l'un n'y entra-t-il que par un accident, & l'autre en fortit le lendemain!

Que M. Auffray en appelle à la bonne foi des gens éclairés pour prononcer si les salaisons méritent ou non la préférence sur les substances légumineuses, il n'y a là rien que de raisonnable : je l'invoque comme lui, cette bonne foi, mais avec la certitude que l'exclusion sera donnée à son régime favori, autrement ces gens éclairés ne le seroient guère ; il ne craint ni de fournir contre lui des soupçons d'incapacité dans un art aussi important que le sien, ni de citer en faveur de son opinion, des autorités qui lui sont directement contraires ; telle est cette citation en marge de son Mémoire, où il annonce que Lind, *tome I, page 118 & suiv.* faisant mention de l'Escadre de l'amiral Martin, dit « qu'il avoit eu la dixième partie de ses Équipages affligée du scorbut en moins de six semaines de croisière dans la Manche, & que cet évènement avoit eu lieu, quoique cette Escadre fût pourvue de végétaux frais pendant sa croisière dans la Manche ». Cette dernière réflexion, toute du crû de M. Auffray, appartient d'autant moins à Lind, qu'en parlant, *page 120,* par continuation de cette même Escadre, il dit

« que cette maladie ne fut pas uniquement occa-
» fionnée par le défaut de la nourriture végétale
pendant un fi court efpace de temps ». Eft-ce-
là la preuve que l'Efcadre de l'amiral Martin
étoit pourvue de végétaux frais à la mer ? le
contraire n'étoit-il pas évident ? mais M.
Auffray ne s'en tient pas-là, il obferve, ce
qui eft une fuite de la fauffe citation que je
viens de relever, que quelle que foit l'efficacité
des végétaux frais dans le traitement du fcorbut,
ils feront toujours inefficaces, tandis que les
caufes conjointes à la privation de ces fubftances, affligeront les Équipages; il faut n'avoir
pas lû Lind pour ofer avancer une pareille
propofition, puifque cet Auteur renferme
plus de cinquante exemples détaillés du contraire, & que lui-même appelé journellement
à l'Hôpital pour fon fervice, a tous les jours
fous les yeux des exemples de guérifons du
fcorbut, dans le lieu même où la plupart l'ont
gagné, guérifons qui ne s'opèrent que depuis que
M. de Courcelles avoit été forcé de convenir
par un certificat authentique de la néceffité de
retrancher de la nourriture des fcorbutiques,
la moitié de leur ration de viande fraîche,

pour être remplacée par des végétaux frais & du riz. Mais ce n'est pas dans le seul Hôpital de Brest, où ce changement de régime opère d'une manière si efficace chez les malheureux scorbutiques. M. Lainé, Chirurgien à Rochefort, assure que depuis que l'usage des végétaux est introduit dans cet Hôpital, on a conservé au Roi plus de quinze cents hommes, qui y seroient morts sans ce secours, & il cite plusieurs cures très-intéressantes.

M. Auffray n'a pas été heureux jusqu'ici, ni dans les raisonnemens, ni dans leur application; il ne le sera guère plus dans ses Observations sur l'Escadre du Roi, commandée par M. d'Orvilliers : « de douze Vaisseaux, dit-il, « qui la composoient, six ayant suivi l'approvisionnement ancien, & les six autres ayant « observé le régime végétal ordonné par la « Cour, on ne s'est point aperçu que le scorbut « ait été plus commun dans les premiers que « dans les derniers, soumis aux assaisonnemens « avec l'oseille ». Cette Observation mérite d'autant plus d'attention, que M. de Courcelles, dans le rapport du Mémoire de

M. Auffray qu'il a donné à l'Académie, ajoute cette remarque, que non-seulement il n'y a pas eu un plus grand nombre de malades parmi les Équipages nourris suivant l'ancien pied, que dans les autres soumis au régime végétal; mais que M. Auffray auroit encore pu ajouter qu'il ne s'en étoit pas non plus montré de plus graves dans les uns que dans les autres Vaisseaux de l'Escadre. Voilà déjà M. Auffray qui préféroit, il n'y a qu'un instant, les salaisons aux légumes farineux, convaincu par sa propre expérience, qu'au moins cette préférence n'étoit point fondée; mais M. de Courcelles, en renchérissant en quelque sorte sur l'opinion de son Disciple, mérite d'autant mieux que l'on relève son Observation, que ce Médecin, Dépositaire des Journaux des Chirurgiens, ne sauroit ignorer que ces expériences du régime végétal ayant été faites sur les Bâtimens les plus considérables de l'Escadre, & qui contenoient le plus de monde, ces Bâtimens, toutes choses égales d'ailleurs, auroient dû avoir plus de malades que les Vaisseaux plus petits; ce qui de l'aveu de ces Messieurs n'étant pas arrivé, forme déjà un avantage réel : mais ce qui montre de la partialité dans le compte rendu, c'est que M. de Courcelles, instruit comme il l'étoit, que le plus grand nombre de Vaisseaux sur lesquels on a suivi le régime végétal, avoient été armés un mois ou six semaines plus tôt que les autres, & dans la mauvaise saison, passe cette vérité sous silence; il en fait autant de l'Observation importante, contenue à la fin du Journal de M. Chandon: ce Chirurgien, dont le mérite est connu, observe ce que j'ai déjà dit ailleurs, qu'en moins de cinq jours que les premiers Vaisseaux de la première division de Rochefort, mirent pour se rendre à Brest, ils eurent beaucoup de malades; qu'en particulier le vaisseau *l'Hippopotame* n'en eut pas moins de vingt-cinq à la fois à l'Infirmerie, dont deux moururent pendant ce court trajet; que les autres transportés à l'Hôpital, y périrent en plus grande partie : *aujourd'hui quelle différence*, s'écrie ce même Chirurgien, *nous arrivons à Brest après avoir tenu trois mois la mer sans avoir perdu un seul homme, & sans avoir un seul malade à mettre à l'Hôpital;* s'il s'étoit présenté quelque Obfervation auſſi favorable à l'ancien régime, M.rs de Courcelles & Auffray l'auroient-ils fupprimée ?

Ce Médecin qui a dû prendre foin du grand nombre de Malades qui font provenus de la première divifion des Vaiſſeaux de Rochefort, n'a pas été au moins furchargé de ceux fournis par les Bâtimens fur lefquels le régime végétal n'a pas été fuivi, puifqu'ils n'en avoient pas, ou très-peu, à leur arrivée de Breſt ; de pareilles circonſtances auroient mérité une note de la part d'un homme impartial, mais il ne l'a pas crue néceſſaire ; auroit-il craint qu'on eût mis fur fon compte, les évènemens malheureux qui ont été la fuite des maladies qui régnoient dans les Vaiſſeaux de la première diviſion, lors de leur arrivée à Breſt ! Ses fuccès étoient trop connus dans cette ville, & fa réputation y étoit trop bien établie, pour qu'on l'accufât d'avoir manqué de talens dans le traitement des Malades de l'Hôpital confiés à fes foins.

Quoique ce que je viens de dire du Mémoire de M. Auffray, & du rapport qu'en a fait M. de Courcelles, foit plus que fuffifant pour prouver la partialité de leurs Auteurs, je ne saurois cependant m'empêcher de transcrire une de leurs réflexions, qui mérite bien d'être lûe des personnes de l'art ; & qui a pour objet de critiquer le conseil que j'ai donné de passer les légumes à l'étuve, pour en rendre la conservation plus facile. « Par cette manière de les préparer, dit M. Auffray, non-seulement ils « cuisent imparfaitement, mais ils tombent « encore dès l'instant dans la détérioration, le « peu de parties essentielles qu'elles contiennent « se trouvant dissipées par la chaleur, elles « n'offrent plus qu'un corps terreux qui in- « visque la généralité dans nos humeurs ; » & M. de Courcelles, dans son rapport, dit que tout le monde a paru assez d'accord dans l'Escadre, que les légumes passés au four se cuisoient mal. Ce Médecin auroit-il pû donner une pareille assertion, ayant eû entre les mains les preuves du contraire ? Auroit-il adopté encore la théorie de son Élève, sur les effets pernicieux qu'il attribuoit à cette préparation ; on le croiroit volontiers, s'il n'eut pas été informé par les Journaux des Chirurgiens qui étoient entre ses mains, & qui étoient revêtus du témoignage de M^{rs} les Officiers, & sur-tout par celui de M. Chandon, que tous les légumes embarqués dans l'Escadre, quoique passés au four, se sont bien cuits, & ont paru très-bons aux Équipages, à l'exception de la plus grande partie des pois qui furent trouvés de mauvaise qualité dans les magasins. M. le Grain, Lieutenant en pied de l'*Hippopotame*, s'en aperçut très-bien, il voulut les refuser; cependant, comme il n'y en avoit point d'autres, il fallut prendre ceux-là; mais ce qui prouve sans replique ce que j'avance, c'est qu'on a trouvé dans l'*Hippopotame*, une petite partie de pois meilleure que les autres, lesquels se sont trèsbien cuits, & qui ont été jugés excellens, quoiqu'ils eussent passé à l'étuve, & qu'ils n'aient été employés qu'à la fin de la campagne.

M. de Courcelles ne devoit pas ignorer ces faits, il étoit sur les lieux, les Journaux des Chirurgiens qui les constatoient, étoient entre ses mains; d'ailleurs, pour prononcer sur un point d'hygiène aussi simple que celui qui nous occupoit, il ne falloit que les premiers élémens de l'art. Il a avoit été un temps où M. de Courcelles rendoit plus de justice à mes principes; voici comme ce Médecin m'écrivoit au sujet de mon Traité des Maladies des Gens de mer.

LETTRE de M. de Courcelles à M. Despérieres, en date du 22 Juillet 1767.

« Monseigneur le Duc de Pralin m'a adressé, Monsieur & très-honoré Confrère, un exemplaire de votre Traité des Maladies des Gens de mer; le peu que vous m'aviez fait l'amitié de m'en lire chez vous, m'avoit prévenu très-avantageusement, & me l'avoit fait attendre avec impatience. Mais depuis que je l'ai lû à tête reposée & avec attention, je m'en suis fait une idée fort supérieure à la bonne opinion que j'en avois conçue. On ne peut mieux saisir les vraies causes des maladies des Marins que vous l'avez fait, & les présenter avec plus de clarté & de solidité, ni en déduire plus conséquemment une méthode curative bien raisonnée & fondée sur l'expérience. Telle est, mon cher Confrère, l'idée que je me suis faite de votre Ouvrage, & je ne doute pas qu'il ne fasse la même impression sur tous ceux qui le liront, pour peu qu'ils connoissent la mer, & ce que c'est qu'un Vaisseau & la vie des Marins. »

» J'en ai écrit sur ce ton à Monseigneur le Duc
» de Praslin, qui me recommande fort de veiller
» à ce que nos Chirurgiens s'appliquent à reti-
» rer de votre Ouvrage toute l'utilité qu'il
» présente. Ils y trouveront des principes lumi-
» neux & des règles sûres pour traiter métho-
» diquement les maladies des Équipages, &
» pour les prévenir. Je vois déjà avec plaisir,
» que ceux à qui l'on a distribué des exem-
» plaires que Monseigneur le Duc a envoyés
» ici, le lisent avec avidité, & les autres em-
» pressés à s'en fournir, dès que notre Libraire
» aura reçu les cinquante exemplaires que je
» lui ai conseillé de demander à Paris. Lors-
» qu'ils l'auront tous, je me propose de m'en
» servir comme d'un Livre classique que je
» desirois depuis long-temps, pour en faire
» le sujet de quelques conférences, & leur
» expliquer les endroits qui pourroient les
» embarrasser.

»   Rien n'est mieux, ni plus judicieux que
» les moyens préservatifs que vous proposez
» vers la fin : il seroit fort à desirer que tous
» les Officiers en comprissent l'utilité, & vou-
» lussent tenir la main à leur exécution; car

DES GENS DE MER. 239

c'est d'eux principalement que le tout dépend. «
Il y en aura certainement plusieurs qui s'y «
conformeront volontiers, mais il y en a tou- «
jours quelques-uns qui regardent comme «
innovation onéreuse & inutile, tout ce qui «
s'écarte de la routine. Il n'y a que des ordres «
bien précis qui puissent les faire exécuter. «
Le chapitre des bestiaux de toute espèce est «
un point bien délicat. Il seroit, sans doute, «
de la plus grande importance de faire un «
grand retranchement ; le parc à moutons «
étant moins étendu, donneroit plus d'espace «
à l'Équipage, & l'infection seroit moindre : «
mais *hoc opus, hic labor,* il y a des ordres pour «
établir des ventilateurs à bord de tous les «
Vaisseaux ; j'en ai fait établir sur plusieurs, «
on n'en a fait aucun usage, ni à la mer, ni «
dans le port ; il est plus aisé de fronder ces «
innovations, que d'en sentir l'utilité, &c. &c. «

Mais que votre Traité opère une révolu- «
tion salutaire ou non, le présent que vous «
faites au Public, & sur-tout aux Marins, «
Monsieur & cher Confrère, ne peut être «
que favorablement accueilli de tous ceux qui «
sauront l'apprécier. En mon particulier, je «

» ne puis assez vous en marquer ma reconnois-
» sance, ni vous témoigner sans flatterie tout
» le cas que j'en fais. Je saisis avec grand plaisir
» cette occasion de vous marquer combien les
» marques d'amitié dont vous m'avez comblé
» à Paris, me sont toujours présentes, veuillez
» me les continuer, & agréer les protestations
» de l'attachement le plus dévoué, & de la
» reconnoissance infinie avec laquelle j'ai l'hon-
» neur d'être, »

Monsieur & très-cher Confrère,

Votre très-humble & très-obéissant serviteur,

Signé DE COURCELLES.

M. de Courcelles faisoit, comme l'on voit, en 1767, l'éloge des moyens que je proposois pour la conservation de la santé des Marins; s'il changeoit de langage alors, étoit-ce parce que l'expérience lui avoit appris que ces moyens n'étoient pas aussi efficaces qu'ils lui avoient paru ? Mais l'expérience est une, elle doit parler toujours le même langage, quand la Nature est interrogée dans les mêmes circonstances.

circonstances. Il est peu de Chirurgiens qui ne se louent des succès qu'ils ont eus en suivant dans le traitement des Maladies dont je m'occupe dans cet Ouvrage, le plan & les moyens de curation que je propose.

M. Coquerel, Chirurgien & Démonstrateur à Quimper, anciennement Chirurgien de la Marine au port de Brest, envoyé par ordre de M. de Ruis, en Mars 1772, à Concarneau, pour y suivre une fièvre putride maligne, qui, en trois jours, venoit d'y enlever vingt-cinq personnes, n'a eu, selon ce qu'il écrit lui-même, qu'à suivre les préceptes que j'ai donnés relativement à cette maladie, dans mon Traité des Maladies des Gens de mer, pour sauver tous ceux auxquels il a donné ses soins.

Quant au régime végétal dont on a déjà fait des essais très-heureux sur les Vaisseaux du Roi & dans les Hôpitaux, je ferois de ce Mémoire un volume complet, si je voulois faire usage de tous les suffrages qui se réunissent en sa faveur; c'est au temps à prouver de plus en plus sa supériorité, & à fixer irrévocablement le rang qu'il doit tenir parmi les moyens propres, & à conserver la santé des Marins,

Q

242 *Nourriture, &c.*

& à concourir à leur guérison dans les maladies auxquelles ils sont le plus exposés. Son sort est déjà assuré auprès des personnes instruites, qui, pesant tout au poids de la raison, n'ont aucun respect pour l'habitude & les préjugés, lorsqu'ils portent sur des principes ruineux démentis par des faits constans.

OBSERVATIONS
SUR LE DISCOURS
DE M. PRINGLE,
Qui termine la Relation des Voyages de M. COOK;

Lûes à la Société Royale de Médecine.

OBSERVATIONS
Sur le Discours de M. PRINGLE.

MESSIEURS,

AVANT que les bienfaits du Gouvernement m'eussent attaché au département de la Marine, j'avois fait de la conservation des Matelots un des premiers objets de mes études & de mon travail. En 1767, j'eus l'honneur d'offrir à l'Académie des Sciences, un *Traité des maladies des Gens de mer*, & cet ouvrage obtint l'approbation & les éloges de cette savante Compagnie : j'y développai, je crois, avec assez d'exactitude & de netteté, les causes & la nature du scorbut, cette maladie funeste qui dévore les Marins, & qui peut-être a plus coûté à la population de l'Europe que le commerce n'a ajouté à sa puissance & à ses richesses. J'y rassemblai tous les moyens connus de prévenir cette maladie ou de la détruire ; j'y en ajoutai d'autres que mes réflexions & l'expérience m'avoient fournis.

Depuis cette époque je n'ai cessé de solliciter une réforme dans le régime & la nourriture des Matelots, & mes efforts ont été encouragés par des Ministres, dont le zèle éclairé s'est empressé de saisir des vues utiles à l'État & à l'humanité. C'est d'après leurs vues & leurs ordres que j'ai publié dans différens temps, deux Mémoires déjà connus de la plupart de vous, Messieurs, & que j'ai l'honneur de remettre sous vos yeux.

Tandis qu'une doctrine salutaire cheminoit lentement en France, & que pour mieux imposer silence à l'habitude & à la routine, la sagesse du Gouvernement la soumettoit à des épreuves particulières, elle obtenoit ailleurs les succès les plus éclatans *.

Le capitaine Cook, célèbre Navigateur Anglois, a dû au régime & aux précautions

---

* Toute la France rend la justice la mieux fondée aux grandes & utiles vues du Ministre qui, dans le département de la Marine dont il est chargé, s'est occupé avec tant de gloire & de succès de tout ce qui pouvoit lui rendre son ancienne force, principalement de tout ce qui devoit contribuer à la conservation des Marins, ces hommes si précieux à l'État.

que j'avois indiqués, la conservation de la totalité de son Équipage, dans le cours d'un des voyages les plus longs & les plus périlleux qu'on ait encore entrepris sous les climats les plus différens, & dans des parages fameux par la destruction des Européens.

La Société royale de Londres, a cru devoir couronner l'heureux emploi des connoissances acquises par la Médecine, & M. Pringle, Président de cette Société, l'a fait valoir avec beaucoup de précision & de netteté dans un Discours qui termine la relation du voyage de ce Capitaine.

Quoique la publication de mon Ouvrage établisse en ma faveur une date bien constatée, quoique moi-même j'en aie remis un exemplaire à M. Pringle dans le premier voyage qu'il fit à Paris avec M. Francklin, long temps par conséquent avant le départ du capitaine Cook ; quoiqu'enfin j'eusse peut-être dû m'attendre à me trouver au moins cité dans le Discours du Président de la Société royale, je ne viens point, Messieurs, former ici une réclamation qui n'auroit d'autre avantage que de satisfaire mon amour-propre. Le petit intérêt s'évanouit devant l'intérêt de l'humanité : que l'Art fasse des progrès ; que nos citoyens doivent à nos veilles la santé, & l'État ses richesses, puisqu'il n'en est point sans des citoyens, cette récompense suffit à nos vœux, & nous console de l'oubli & du silence de nos contemporains ; tels sont mes sentimens, tels sont les vôtres, sans aucun retour sur soi-même.

Je vais rapprocher mes principes, ma méthode & mes expressions, des principes de la méthode suivie par M. Cook & des expressions de M. Pringle, uniquement pour constater la marche de la Médecine, & pour arrêter sur un objet aussi essentiel les regards d'une Société qui doit son existence au desir d'être utile, & qui peut le devenir infiniment, en donnant de l'appui & de la consistance à des découvertes salutaires, souvent perdues, parce qu'elles ne sont entourées ni de partisans, ni de protecteurs.

« Où trouvera-t-on, dit M. Pringle, des
» tentatives qui aient mieux réussi que celles
» du capitaine Cook ! son Mémoire expose
» les moyens par lesquels avec cent dix-huit
» hommes, il a fait un voyage de trois ans

& dix-huit jours dans tous les climats depuis «
le 52.ᵉ degré Nord jufqu'au 71.ᵉ degré Sud, «
fans perdre plus d'un homme de maladie; «
& ce qui ajoute un nouveau prix aux obfer- «
vations importantes du capitaine Cook, fes «
précautions font fort fimples. Je demanderai «
à ceux qui s'occupent le plus de bills de «
mortalité, fi dans le climat le plus fain & «
parmi les hommes de la meilleure fanté, ils «
ont jamais trouvé fi peu de morts dans le «
même efpace de temps? »

Page 489 de mon *Traité des maladies des Gens de mer*, j'ai fait la même réflexion d'après un exemple à-peu-près femblable: ayant expofé les foins du capitaine Pallifer pour préferver fon Équipage de toutes maladies pendant la guerre de 1744, j'ai ajouté: « le résultat d'une conduite fi fage & fi bien « raifonnée, fut que dans l'efpace de quatorze « mois que dura fon voyage, il ne perdit qu'un « feul homme de cent foixante qui compo- « foient fon Équipage; encore cet homme « mourut-il dans le traitement de la maladie « vénérienne. Il n'y a pas de village peuplé « d'un pareil nombre d'hommes qui n'en perde « davantage dans le même intervalle de temps ».

D'ailleurs, j'ai rassemblé dans des Mémoires imprimés sur la *Nouriture des Gens de Mer*, mille exemples de cette nature. On voit les Vaisseaux l'*Achille*, le *Zéphire*, la Frégate la *Syrène* & la *Dryade*, la *Terpsicore*, l'Escadre entière de M. le Comte d'Aché; en 1759, le *Salomon*, enfin le *Droyard*, Voyez ci-dessus, *pages 180 & suiv.* braver impunément la mer avec le régime végétal, croiser dans l'Inde, sur les côtes de Salé, &c. &c. sans perdre un seul homme. Il n'est donc pas étonnant que M. Cook ait conservé son Équipage avec les mêmes moyens.

M. Pringle expose ensuite le contraste qui est entre les navigations actuelles & celles des anciens temps; il rappelle le premier voyage entrepris pour l'établissement de la Compagnie Angloise des Indes, passe en revue les Équipages emportés par le scorbut, s'arrête sur l'expédition malheureuse de l'amiral Anson & peint les ravages de cette maladie, la plus fatale aux Gens de mer. Le docte Président semble ainsi attribuer à M. Cook le bonheur des nouvelles navigations. Je lui avois fourni ce cadre, où, pour ouvrir les yeux sur l'efficacité du régime végétal, & pour démontrer son excellence, j'ai comparé également *les premières navigations à celles de nos jours*. J'ai rappelé ce qui étoit arrivé aux quatre *premiers Vaisseaux Anglois qui firent le voyage des Indes Orientales;* comment, depuis, les Flottes Angloises avoient été maltraitées par le scorbut dans la Baltique, tandis que celles des Hollandois qui croisoient de conserve avec elles, en ont été presque entièrement préservées; comment l'Amiral Osborn dissipa cette maladie à bord de son Vaisseau. Je m'étois également étendu sur l'expédition de l'Amiral Anson, ci-dessus *page 130 & suiv.* de mon Mémoire, ainsi que sur celle de l'Escadre de M. Dubois de la Mothe, en 1767, tandis qu'au moyen du régime végétal le scorbut cessoit sur les Vaisseaux de M. d'Orvilliers.

M. Pringle reconnoît deux sortes de scorbut, l'un de terre, l'autre de mer. A cela près, nous marchons toujours sur la même ligne; mais malgré son autorité, je persiste toujours à croire que le scorbut est la même maladie sur la mer & sur la terre, & que la prodigieuse variété que l'on remarque dans ses symptômes, les a seuls fait attribuer à des maladies différentes.

Je ne puis que vous répéter ce que j'ai dit dans mon Traité des Maladies des Gens de mer, *page 68* : « l'identité des caufes qui pro-
» duifent le fcorbut dans des régions & des
» climats différens, ne permet pas qu'on en
» reconnoiffe de diverfes efpèces. La divifion
» que certains Auteurs en ont faite en fcorbut
» de terre & fcorbut de mer, me paroît fri-
vole, » & je l'ai prouvé.

M. Pringle : « l'opinion reçue qu'il n'y a
» guère de conftitutions totalement libres d'af-
» fections fcorbutiques, eft fi peu vraie,
» qu'excepté parmi les Matelots ou parmi ceux
» qui mènent une vie femblable à la leur, &
» particulièrement parmi ceux qui mangent des
» alimens falés ou pourris, fur-tout s'ils vivent
» dans un air fale, j'ai lieu de croire que c'eft
» une des maladies les moins fréquentes. »

J'ai dit, finon de même, du moins la même chofe, *page 457* de mon Traité : « Si la puri-
» fication de l'air & la propreté font fi effen-
» tielles pour la confervation dés Équipages,
» ainfi que je venois de le prouver, combien
» *la nature & la qualité des alimens* ne doivent-
» elles pas avoir d'influence fur la fanté des

Matelots! « *Page 483 :* « Quoique *la puri-* «
fication de l'air, le soin de la propreté & le choix «
des alimens, soient les principaux moyens de «
prévenir les maladies qui affligent les Équi- «
pages, &c. & dans mon Mémoire, ci-dessus «
page 110. Je crois avoir prouvé dans mon «
Traité des Maladies des Gens de mer, que «
les salaisons dont les Matelots font usage, sont «
la principale cause du scorbut & des autres «
maladies qui les affligent; que l'on joigne «
les causes auxiliaires que j'ai amplement dé- «
taillées ailleurs, l'air putréfié de l'entre-pont «
que les Matelots respirent, les émanations «
infectes qui s'élèvent du fond de cale, & aux «
impressions desquelles ils sont exposés, la «
promptitude avec laquelle ils passent sans «
précaution, & souvent sans vêtement, de «
l'habitude chaude de l'entre-pont, à l'air «
quelquefois très-froid qui règne sur le «
pont, &c; l'on aura une réunion d'agens «
très-propres à faire naître promptement le «
scorbut parmi les Équipages; ce qui est arrivé «
toutes les fois que ce concours a eu lieu ».

M. Pringle : « J'ai soumis cette opinion
(on a vu que c'est aussi la mienne) au juge- «

» ment de la Société Royale de Londres, il y
» a plusieurs années. Je vous dis alors, contre
» l'opinion commune, que l'air de la mer n'est
» pas la cause du scorbut (tant qu'elle est
» seule, sans doute) puisque pendant les plus
» longs voyages, *la propreté, la ventilation &*
» *les provisions fraîches préservoient de cette*
» *maladie l'Équipage d'un Vaisseau*, & que
» sur les côtes où il n'y a pas de marécages, les
» habitans ne sont pas sujets à cette indisposition, quoiqu'ils respirent l'air de la mer ».

N'est-ce pas là ce qu'on a lû précédemment dans ce que j'ai cité de mon Ouvrage à la *page 485 ! Quoique la purification de l'air, &c.* Encore une autre preuve, *page 63* du même Traité : « Il y a des pays où le scorbut est
» endémique; mais dès que *l'on réfléchit sur*
» *leur situation*, il est visible que toutes les
» conditions requises pour le produire, y sont
» fréquemment réunies. Ces pays sont *froids, remplis de marais, d'étangs, de rivières* ».
« Il faut remarquer, ai-je encore dit à la
» *page 67* du même Ouvrage, que si le *scorbut*
» *est une maladie presqu'inconnue dans les villes*
» *maritimes,* comme à Toulon, à Gênes, à

Livourne, & spécialement à Venise qui est «
une ville toute coupée de canaux, c'est que «
ces villes sont situées dans des climats chauds «
où les vapeurs aqueuses sont aisément éle- «
vées & dispersées dans l'air ; c'est que les «
Habitans, comme on l'observe dans toute «
l'Italie, se nourrissent par préférence de riz «
& d'autres substances végétales ». Le Docte
Président suit toujours de près le Médecin
François.

M. Pringle : « Je remarquerai que les «
viandes salées se pourrissent en effet après «
un certain temps, quoiqu'elles restent man- «
geables à cause du sel ; que le sel ordinaire «
qui passe pour un des meilleurs préservatifs «
contre la corruption, n'est qu'un préservatif «
ordinaire lors même qu'on en met une «
grande quantité, & que, si l'on en met «
aussi peu que dans nos viandes fraîches à «
table ou dans nos viandes salées, il hâte «
la putréfaction, au lieu de l'empêcher ».

J'avois dit à peu-près la même chose,
dans mon Mémoire ci-devant, *page 123* :
« Les Gens de l'Art les moins instruits
chercheront-ils dans l'usage des substances «

» animales, des secours contre le scorbut ! Ne
» reconnoîtront-ils pas au contraire dans cette
» espèce d'aliment, la propriété de faire naître
» cette maladie & de la perpétuer, lorsqu'ils
» réfléchiront que ces substances tendent toutes
» à une décomposition putride plus ou moins
» prompte ! Les *substances animales* que l'on
» assigne aux Matelots, ne sont-elles pas *à*
» *demi-dépravées ?* Car, que l'on ne s'y trompe
» pas, *le sel & tous les autres moyens employés*
» *pour leur conservation*, peuvent bien retarder
» la marche de la décomposition putride qui
» les attend ; mais ils ne sauroient la suspendre :
» c'est une vérité trop connue pour qu'elle ait
» besoin de preuves ».

M. Pringle croit qu'on s'est trompé sur la cause du scorbut chez les peuples du Nord & sur-tout chez ceux qui habitent les environs de la Baltique ; « Dans les longs & rigoureux
» hivers de ces contrées, dit-il, les troupeaux
» privés de pâturages, peuvent à peine sub-
» sister, les habitans sont obligés de les tuer
» à la fin de l'automne, & de les saler pour
» plus de six mois. Cette nourriture putride
» qu'ils prennent si long-temps, & *à laquelle*

les

les habitans du Sud ne font pas réduits, « (ce que j'ai dit en parlant des pays Méri- « dionaux), femble être la caufe principale « de cette maladie. » N'ai-je pas également attribué en grande partie aux *falaifons*, comme on l'a vu plus haut, les ravages du fcorbut ?

M. Pringle: « Si on réfléchit que dans le Nord, le bas peuple n'a prefque point de « légumes ou de fruits, & très-peu de liqueurs « fermentées l'hiver, & qu'il habite fouvent « des maifons humides, fales & mal aërées ; « il eft aifé de concevoir pourquoi il eft fujet « à la même maladie que les Gens de mer, « tandis que d'autres Nations fous une même « latitude, mais qui vivent d'une manière « différente, s'en préfervent. »

J'ai répété à chaque page de mon Traité, que *la conftitution froide & humide de l'air* eft une des principales caufes du fcorbut, & que les caufes auxiliaires font *les alimens de mauvaife qualité, les falaifons fur-tout, les boiffons corrompues, la malpropreté, l'humidité, la trop grande inaction ou le travail exceffif*, &c. « Si le fcorbut, ai-je ajouté, eft moins meur- trier aujourd'hui & plus rare (obfervation «

R

» qu'on va retrouver dans le Discours de
» M. Pringle) *chez les peuples du Nord,*
» en Hollande, en Hongrie, en Danemarck,
» en Russie & dans une partie de l'Allemagne,
» c'est que l'air qui y règne est devenu plus
» salubre par l'écoulement des eaux (je prie
» le Lecteur de se souvenir de cette phrase
» dont M. Pringle s'est bien souvenu), par
» le défrichement des terres, & par les saignées
» faites aux marais dans les pays où ils étoient
» communs; c'est que le goût de l'Archi-
» tecture s'étant répandu chez les Nations,
» *la position des maisons* a été mieux choisie,
» les appartemens ont été plus aérés & plus
» secs, *c'est qu'enfin la manière de vivre est*
» *changée :* on use plus communément *de*
» *liqueurs fermentées,* non spiritueuses qui sont
tout-à-la fois aliment & remède. » Plus bas:
« Les grandes villes doivent aussi être rangées
» parmi les lieux où la température de l'air
» est très-propre *en hiver,* à disposer au scorbut
» *le bas peuple* sur-tout *qui loge dans des*
» *chambres basses* où la lumière pénètre à peine,
» *qui n'a que de mauvais alimens,* & qui ne
peut se procurer du vin pour boisson. »

On voit ici conformité d'idées, de principes & presque d'expressions. J'invite le Lecteur à relire ce que je viens de citer *sur le défrichement des terres*, sur la position & l'embellissement des maisons, & il y retrouvera cette réflexion de M. Pringle : « Permettez - moi, Messieurs, de remarquer en passant que *les progrès de l'agriculture, du jardinage & des autres arts de la vie*, en étendant leur influence jusqu'aux parties les plus éloignées de l'Europe & *jusqu'au plus bas peuple, commencent à diminuer sensiblement cette maladie, même dans les climats où elle étoit jadis plus répandue.* »

M. Pringle : « On a assuré que les hommes qui vivent sur les côtes de la mer, deviennent scorbutiques, sans manger de viandes salées ; mais je n'en ai jamais connu d'exemple, excepté dans *ceux qui respiroient un air marécageux ou putride* (ce que j'avois dit, comme on l'a vu plus haut), d'ailleurs *qui ne faisoient point d'exercice* (j'avois dit : *la trop grande inaction est une cause auxiliaire du scorbut*), & ne mangeoient ni fruits ni légumes frais ; car alors les humeurs se

R ij

» corrompent de la même manière, mais non
» pas au même degré que celles des Gens
de mer. »

Tout cela est encore un extrait fidèle de mille endroits de mon Traité : par-tout j'ai recommandé l'*exercice, les fruits, les légumes frais, les liqueurs fermentées*, & j'ai défendu *les salaisons* : j'ai dit qu'*on pouvoit vivre sur les côtes de la mer sans devenir scorbutique*. J'ai démontré dans mon Ouvrage, dans deux Mémoires publiés après, l'utilité, la nécessité même du régime végétal sur mer.

M. Pringle : « Ainsi dans la dernière guerre,
» lorsque le château de Sisinghust, au comté
» de Kent, fut rempli de prisonniers François,
» le scorbut se manifesta parmi eux, quoiqu'on
» ne leur eût pas servi de viandes salées en
» Angleterre ; on leur donnoit chaque jour
» de la viande fraîche & du pain, mais sans
» légumes ou sans végétaux. Outre le manque
» de légumes, on observa que les cours du
» Château étoient sales & trop pleines, les
» chambres humides à cause du fossé qui les
» environnoit, & que l'espace accordé aux
» prisonniers pour prendre l'air, étoit si petit

« & si bourbeux dans les temps de pluie,
« qu'ils sortoient rarement. D'après les repré-
« sentations du Chirurgien, on permit de
« donner aux prisonniers des racines & des
« légumes, & de placer les malades dans un
« village voisin & sur un terrein sec, où ils
« pouvoient prendre l'air & marcher; à l'aide
« de ces remèdes, ils recouvrèrent tous promp-
« tement la santé. Le même Chirurgien m'ap-
« prit en outre que, dans les parties les plus
« basses & les plus humides de ce Comté où
« vivoient quelques hommes de sa profession,
« on voyoit de temps en temps de petites
« affections scorbutiques chez le bas peuple,
« & sur-tout chez ceux qui vivoient tout
« l'hiver de lard salé, sans liqueurs fermentées,
« sans légumes & sans autres fruits que quelques
« pommes. » Ce qu'il y a de singulier, c'est que j'avois aussi dans mon Ouvrage rapporté un exemple semblable à celui que M. Pringle vient d'exposer à nos yeux. On y lit, *page 50*:
« Pendant les derniers mois du siége de Thorn
« par les Suédois; *il tomba beaucoup de pluie*;
« & quoique *le défaut de végétaux* (M. Pringle
« a dit *le manque*), puisse être compté dans

» ce cas, pour une des causes principales qui
» firent naître le scorbut parmi les soldats de
» la garnison & les habitans, on ne peut
» méconnoître la part qu'y eut *l'humidité à*
» *laquelle ils furent exposés.* Si aussitôt après la
» capitulation, & dès que l'entrée des *végétaux*
» *récens* y fut libre, *le scorbut ne tarda pas à*
» *disparoître*, sa cessation fut autant dûe à la
» faculté qu'eurent les soldats & les habitans
» *de se retirer dans des endroits secs & chauds*,
qu'à la nourriture végétale qui leur fut procurée. »
Plus loin : « La violence avec laquelle le
» scorbut ravagea l'armée Impériale en Hongrie
» près de Cronstat, ne peut être *attribuée*
» *qu'à l'humidité qui régnoit dans le camp, tant*
» *à cause des pluies continuelles qui tombèrent,*
» *qu'à cause du voisinage des étangs, des marais*
» *dont le pays est rempli*, & des forêts dont
» il est couvert, qui ne permettent pas à l'air
» de disperser assez loin les vapeurs aqueuses
dont il se charge. » Aux *pages 90, 92 & 93:*
« Il seroit à souhaiter que l'on ne couchât pas
» *dans les souterrains* ni dans les rez-de-chaussée,
» lorsqu'ils sont *humides*.... On ne sauroit trop
» recommander de s'abstenir d'un long usage

de viandes salées & fumées... tout ce que « je viens de dire, peut s'appliquer *aux per-* « *sonnes qui habitent des endroits marécageux,* « couverts de bois & remplis d'étangs, &c. « Elles doivent *loger dans des appartemens* « *élevés, aérés & secs, & se nourrir d'alimens* « *frais & de liqueurs bien fermentées;* mais si « toutes les précautions que j'indique, pa- « roissent insuffisantes, on a un moyen presque « sûr qu'on peut toujours se procurer sur « terre : c'est celui de changer d'habitation. « On peut aller dans un *pays plus sec, plus* « *élevé, plus sain, où les causes prédisposantes* « *du scorbut n'existent presque jamais ;* c'est « ainsi que les Anglois attaqués de cette « maladie, quittent leur île pour venir habiter « les provinces méridionales de France *où il* « *pleut rarement,* & où par conséquent *les* « *marais, les étangs & les brouillards sont* « *moins fréquens.* »

M. Pringle : « Je suis persuadé qu'en exa- « minant les différens anti-scorbutiques qui « ont été approuvés & adoptés dernièrement, « on trouvera que, quoiqu'ils puissent varier « dans la manière d'opérer, ils contribuent «

R iv

» cependant tous à corriger ou prévenir la
» putréfaction, soit de l'air dans les parties du
» Vaisseau les plus fermées, soit des viandes,
» soit de l'eau, des vêtemens, des lits & du
» corps lui-même. L'examen des principaux
» anti-scorbutiques, & des autres moyens em-
» ployés par le Capitaine Cook, a donné
» peut-être un nouveau poids à cette idée, &
» ce sera une raison de plus de méditer sur ces
» principes, afin de perfectionner cette branche
importante de la Médecine. »

Cette idée, ou plutôt ces idées, on les trouve à chaque page de mon Traité sur les Maladies des Gens de mer, & dans les Mémoires qui l'ont suivi. Ci-devant, *page 123*, j'ai dit : « On voit que les *anti-septiques*, de
» quelque part que nous les tirions, sont *des*
» *moyens indiqués, soit pour prévenir, soit pour*
» *guérir le scorbut* ; & qu'au contraire, tout ce
» qui peut *favoriser & hâter la putréfaction* de
» nos humeurs, doit être écarté & proscrit
» comme très-opposé au but que l'on se propose d'atteindre. » *Page 410* de mon Traité, j'avois également parlé des *moyens qui contribuent à corriger ou prévenir la putréfaction*

de l'air dans les parties du Vaisseau les plus fermées; page 448 de la propreté du Vaisseau & de l'Équipage; page 457 de la nourriture, pages 455 & 456, des lits, des hamacs, des vêtemens; enfin de l'eau, depuis la page 475 jusqu'à la page 481. La phrase de M. Pringle n'est donc que le sommaire de tous ces articles que j'ai discutés avec soin.

M. Pringle : « Le Capitaine Cook commence par la drêche sa liste des provisions : il dit qu'il en faisoit un moût doux & qu'il en donnoit à ceux qui avoient des symptômes manifestes de scorbut & à ceux qui y paroissoient le plus sujets : il le préfère à la bière, & le regarde comme un des meilleurs antiscorbutiques que la Médecine ait encore trouvé. »

D'abord la vertu de la drêche étoit connue depuis long-temps. Macbride en a fait l'éloge en beaucoup d'endroits; ainsi M. Cook n'a ici que le mérite d'avoir suivi un conseil qui peut être très-bon. Je n'ai eu garde d'oublier la drêche dans mes Ouvrages sur les maladies des Gens de mer; mais j'ai été, & je suis, d'un avis un peu opposé à ceux de Macbride & de

M. Cook. J'ai prouvé ou essayé de prouver qu'il est des cas où la drêche n'est pas aussi bonne que la bière aux scorbutiques. Je prie le lecteur de peser mes raisons ; je vais lui rappeler ce que j'ai dit à ce sujet, dans un de mes Mémoires.

« La partie amidonnée & la partie tenace
» des farineux, susceptibles de deux fermenta-
» tions différentes, nous mettent encore dans
» le cas de prononcer pourquoi, à titre d'anti-
» septiques, les végétaux méritent de beaucoup
» la préférence sur les farineux, quoique ceux-
» ci soient infiniment plus nourrissans que
» ceux-là ; & pourquoi les farineux sont sou-
» vent insuffisans pour remédier à l'acrimonie
» putride une fois portée à certain degré ; à
» moins qu'on ne leur allie, comme je viens
» de le dire, une certaine quantité de matière
» végétale acescente, telle que le miel, le sucre
» ou quelques plantes fraîches en conserve,
» telle que l'oseille, l'oignon, le chou, l'ail,
» & même le piment ou poivre-long, lesquels
» étant préparés convenablement, peuvent se
» garder assez long-temps à la mer, & remplir,
» étant réunis aux farineux, la double intention

que l'on se propose, de guérir le scorbut & «
de rétablir les forces de ceux qui en auront «
été attaqués ; ce que la drêche, quelque «
fraîche qu'elle soit, ne peut opérer qu'im- «
parfaitement, parce qu'elle n'a pu, par sa «
préparation, acquérir la quantité de corps «
savonneux qui lui manque, pour ressembler «
aux végétaux frais, & que les grains employés «
à la faire ayant perdu par la germination une «
partie de leur principe igné, il ne peut leur «
rester d'autre ressemblance avec les légumes «
frais, que la propriété que la farine d'orge «
acquiert par cette préparation, de pouvoir «
fermenter promptement comme eux, & de «
se digérer avec plus de facilité ; ce qui peut «
être de quelque avantage dans certaines ma- «
ladies, mais qui n'en sauroit être un dans le «
traitement du scorbut, qu'autant qu'on vou- «
dra joindre à la drêche du miel de bonne «
qualité ou de la cassonade ; ce qui en for- «
mera un aliment doux, savonneux, d'autant «
plus anti-septiques, que la cassonade & le «
miel contenant plus d'air fixe ou de principe «
igné employé à la confection du corps mu- «
queux qui les constitue presque en totalité, «

» ces substances ne peuvent qu'ajouter à la
» propriété anti-putride des farineux & les
» rapprocher de l'efficacité des végétaux frais;
» d'où l'on peut conclure que Macbride n'a
» pas eu raison de tirer de la promptitude avec
» laquelle la drêche fermente, une preuve de
» son efficacité dans le scorbut. Il me paroît
» d'ailleurs n'avoir pas fait assez d'attention à
» la quantité d'air qu'elle fournit, & n'avoir
» pas tenu compte du principe savonneux
» contenu dans les végétaux récens, principe
» sans lequel on ne sauroit expliquer la dispa-
» rition des accidens du scorbut, qui dérivent
» de l'épaississement & de la viscosité de la
» lymphe que ces sucs savonneux combattent
avec efficacité. » On voit que ce n'est pas sans raison que j'ai rejeté la drêche dans certains cas, pour l'admettre dans d'autres.

M. Pringle: « L'air fixe, si salutaire à l'éco-
» nomie animale, est en plus ou moins grande
» quantité dans toutes les liqueurs en fermen-
» tation, & il s'oppose à la putréfaction dès
» que le travail ou le mouvement intérieur
commence. »

Cela n'est qu'une conséquence du principe que

j'ai établi ci-deſſus, *p. 116, 117 & 118*, ou plutôt, c'eſt le même principe autrement préſenté. J'avois dit : « La pourriture ne s'empare des « ſubſtances d'où nous voyons ſpontanément « s'échapper beaucoup d'air, que parce que, « par cette émanation, *le fluide conſervateur* ne « ſe trouve plus alors dans la proportion re- « quiſe *pour empêcher la diſſolution* ou plutôt « *l'incohérence des autres principes* qui entrent « dans la compoſition de ces ſubſtances, d'où « l'on pourroit conclure que *l'art de conſerver* « *les corps vivans*, ce qui eſt notre but, ne « conſiſteroit qu'à ſavoir y *entretenir une quan-* « *tité ſuffiſante de matière de feu*, ou plutôt à « ſavoir fournir à cette matière des aſſociés pro- « pres à l'enchaîner, à fixer autant qu'il le faut, « cet être preſque incoërcible. Il y a grande « apparence que nous ne trouverions que cela « dans ces ſubſtances que nous reconnoiſſons « pour anti-ſeptiques à un degré éminent. »

M. Pringle : « L'air fixe abonde dans le vin, « & il n'y a peut-être pas de ſubſtance végétale « qui en ſoit plus remplie que le jus de raiſin ; « & comme le vin a un goût agréable, il faut « le mettre au premier rang parmi les anti- «

» fcorbutiques. Le cidre & les autres produc-
» tions vineufes qu'on tire des fruits, font
» également bonnes, ainfi que les différentes
» efpèces de bière. Il eft à defirer que la petite
» bière, cet excellent breuvage, fe renouvelle
en mer. »

On lit à chaque page de mon Traité les mêmes chofes, fouvent les mêmes expreffions. Et ci-deffus, *page 202* : « Il feroit effentiel qu'on
« embarquât, outre les objets de confomma-
» tion, tant pour les malades que pour les con-
» valefcens, & même les Matelots en fanté, *une
» certaine quantité de fuc de raifin bien cuit. C'eft
» un excellent anti-fcorbutique* dont je ne faurois affez recommander l'approvifionnement. »
Page 92 : « *L'ufage du vin produit de bons
» effets*. On peut le rendre plus actif & plus
» propre à s'oppofer au fcorbut, en y faifant
» infufer une certaine quantité de quinquina:
» cette écorce eft le meilleur des anti-fcorbu-
tiques. » Page *101 & 102* : « *Quelques bou-
» teilles de vin* diftribuées à propos, une plus
» grande quantité de légumes, &c. ferviroient
» admirablement bien à éloigner la difpofition que les Matelots auroient au fcorbut. »

« Les mauvais alimens dont les Matelots font ufage, étant une caufe auxiliaire dont « l'énergie eft très-grande, rien ne feroit plus « utile que d'en changer la qualité. *Le vin eft* « *alors un excellent antidote;* on doit en donner « dans ce cas aux Matelots : *c'eft un reftaurant,* « *un tonique, un anti-fcorbutique merveilleux.* » *Page 141 :* « Je recommande les oranges, les citrons, les pommes, les grofeilles, l'épine- « vinette, *les fucs de ces fruits, foit en nature,* « *foit épaiffis* & édulcorés avec le fucre, *le moût* « *de vin cuit, le cidre, le vin, la bière,* le punch « très-acidule & édulcoré avec le miel ou le « fucre. » Plus loin : « On donnera à chaque malade, par repas, un demi-fetier *de bon* « *vin,* foit fimple, foit compofé avec les amers, « ou une demi-bouteille de bière. *L'ufage* « *du cidre,* fur-tout, fera excellent dans ces momens. »

J'ai dit : *Alors, dans ce cas, dans ces momens, dans ces circonftances,* parce que je diftingue dans le fcorbut trois périodes; c'eft ce qui m'a fait varier les alimens & les boiffons fuivant le changement de période. M. Pringle n'a pas cru devoir me fuivre dans ces diftinctions, &

sans doute il a pensé qu'une simple analyse n'avoit pas besoin de tant de précision. *Page 482*, j'ai dit encore : « *Le vin est très-favorable* » *aux Matelots,* ainsi que les autres liqueurs » fermentées, *telles que la bière, le cidre, &c.* » *Le vin sur-tout* est un stomachique d'un usage » nécessaire à des gens qui se nourrissent d'ali- » mens grossiers, qui vivent sur un élément » humide. Mais ce n'est pas assez que le vin ne » soit pas gâté, il faut encore qu'il soit un peu » vigoureux, tel qu'est, par exemple, le vin de » Bordeaux. *Page 103 : Les sucs de groseille,* » *de citron, d'orange, & ceux des autres fruits* » *aigrelets, épaissis au bain-marie, & conservés* » *dans des bouteilles exactement bouchées, sont* » *de la plus grande utilité pour prévenir le scorbut.* » On pourroit en faire prendre à tout l'Équi- » page une cuillerée le matin *dans un verre de* » *vin ou de bière.* Et plus loin : *Le cidre & la* » *bière sont de bons anti-scorbutiques ; la première* » *de ces boissons sur-tout, a toujours produit* » *d'excellens effets dans cette maladie ;* d'où l'on » doit conclure qu'on ne sauroit trop recom- » mander aux Capitaines d'en faire embarquer » une quantité convenable. *La bière bien faite,*
chargée

chargée de houblon, est une liqueur fer- «
mentée qui fortifie, qui nourrit, & qui, en «
même-temps, contient des principes très- «
propres *à prévenir le scorbut & à le combattre.* »

« On pourroit encore faire une espèce de
bière particulière & très-salutaire aux Gens «
de mer, en faisant infuser dans la décoction «
du grain dont elle est composée, une quan- «
tité convenable de quinquina ou d'absinthe, «
& en y laissant ces substances dans le temps «
de sa fermentation. On connoît trop la «
vertu anti-septique & stomachique de ces «
ingrédiens, pour ne pas sentir tout l'avantage «
d'une pareille addition. »

M. Pringle s'étend beaucoup sur la fabrique
du *quas* des Russes, qui n'est autre chose qu'une
liqueur mitoyenne entre le moût & la petite
bière; ce qu'il n'a fait, peut-être, qu'à l'imitation de ce qu'on vient de lire sur l'espèce de
bière que je propose. « Il semble, dit-il, que
dans la fabrique de ce *quas*, la farine de seigle «
accroît la fermentation & ajoute plus d'air «
fixe, puisque la drêche seule ne pourroit pas «
produire sitôt une liqueur aussi acide & aussi «
vive, & il est probable que lorsqu'on «

S

» donnera aux autres grains un degré conve-
» nable de fermentation, ils acquerront plus
ou moins la même qualité. » Ce n'eſt encore
là qu'une conféquence de ce que j'ai écrit
ci-deſſus, *pages 116, 117, 118 & 168,
ſur la fermentation des grains.* Il faudroit rapporter les quatre pages entières. A la dernière
on lit : « On ne doit pas être étonné de voir
» le ſcorbut céder au ſeul régime des végétaux
» frais, puiſque de tous les alimens il n'en eſt
» aucun qui *fermente plus promptement & qui*
» *fourniſſe plus d'air,* & par conféquent plus de
» matière du feu qui entre dans ſa compoſition, &c. »

M. Pringle : « D'après ce que m'a dit un
» Officier de Marine, ami du Capitaine Cook,
» je penſe du moins que l'avoine produiroit
» cet effet. Cet Officier croiſant ſur un grand
» Vaiſſeau, au commencement de la dernière
» guerre, & le ſcorbut ſe manifeſtant parmi
» l'Équipage, il ſongea à une eſpèce de nour-
» riture dont il avoit vu faire uſage dans
» quelques campagnes d'Angleterre, & il jugea
» qu'elle lui feroit très-utile. On remplit de
» gruau d'avoine un vaſe de bois; on y verſe

de l'eau chaude, & l'infusion continue juſ- «
qu'à ce que la liqueur commence à devenir «
aigrelette; on tire enſuite de l'eau du vaſe «
de bois, & on la fait cuire juſqu'à la conſiſ- «
tance d'une gelée. Il prépara du gruau de «
cette manière, & il en fit ſervir dans les «
chambrées. Il l'adoucit d'abord avec du ſucre, «
& il ajouta un peu de vin de France. Il m'a «
aſſuré qu'en prenant de ce gruau & s'abſte- «
nant de viandes ſalées, ſes ſcorbutiques «
guérirent tous ſans ſortir du Vaiſſeau; que «
cet expédient lui réuſſit dans ce voyage & «
dans toutes ſes autres campagnes durant la «
guerre, & qu'il ne fut obligé d'envoyer «
aucun de ſes malades à terre. » Rien de tout
cela n'eſt difficile à croire. J'ai dit en cinq ou
ſix endroits beaucoup de bien de ce *gruau*,
parce que j'avois auſſi l'expérience pour moi.
Il eſt vrai que je n'ai pas donné la manière
de le faire. Je m'étois contenté de *vanter ſes
bons effets ſur la Therpſicore, ſur l'Éléphant*, &
de rapporter, ci-devant *page 226* de mon
Mémoire, qu'un Chirurgien avoit nourri à
la mer avec ſuccès, un ſcorbutique *avec l'orge,
le gruau,* le riz & le ſagou. « Voald a vu,

S ij

» ai-je ajouté, *de très-bons effets dans le*
» *scorbut, d'une nourriture préparée avec le gruau*
» *& le sucre.* N'est-ce pas à la vie sobre des
» anciens Romains, *à la privation des viandes*
» *salées* qui n'étoient pas en usage parmi eux,
» & à la grande consommation qu'ils faisoient
» de végétaux & de vinaigre, que l'on doit
» attribuer l'absence du scorbut dans leurs
» Légions tant qu'elles restèrent en quartier
» dans la Pannonie & dans les endroits marécageux des Gaules ! » Plus haut j'avois dit,
qu'avec de la *bouillie d'orge, d'avoine & un*
peu de choux-croûtes, on pouvoit préserver les
Équipages des ravages du scorbut. On a vu
d'ailleurs que sur l'*Achille*, le *Zéphir*, &
beaucoup d'autres Vaisseaux, les *scorbutiques ont*
été guéris, par les moyens que j'ai indiqués,
sans aller à terre.

« Avant qu'on connût, dit M. Pringle,
» la puissance de l'air fixe contre la putré-
» faction, on attribuoit la vertu des fruits,
» des légumes & des liqueurs fermentées, à
» leur acide, & nous avons toujours lieu
» de croire que l'acide contribue à produire
cet effet ». Il répond ensuite à ceux qui

prétendent qu'on a fait usage avec peu de succès des acides minéraux qui contiennent peu ou point d'air fixe. Il explique pourquoi l'Élixir de vitriol combat peu efficacement le scorbut, & propose l'eau acidulée avec l'esprit de sel de mer, dans la proportion de dix gouttes seulement pour une quarte, ou avec de l'esprit foible de vitriol dans la proportion de treize gouttes pour la même mesure, & de donner à ceux qui sont menacés du scorbut, trois-quarts de cette liqueur par jour.

Dans mon *Traité des Maladies des Gens de mer*, j'avois aussi donné la manière de tirer parti *du vitriol & des acides minéraux.* Page 110 de mon Ouvrage, on lit : « Plusieurs Auteurs qui ont présumé que le *limon*, « *l'orange & les autres fruits aigrelets s'oppo-* « *soient au vice scorbutique par leur acidité*, ont « cru qu'on pouvoit par analogie, substituer à « ces substances salutaires, des acides qui étant « concentrés, pourroient dans une petite « dose, communiquer une agréable acidité à « une très-grande quantité de boisson, tel « que l'*Élixir de vitriol*, tant recommandé en « Angleterre. Si ce moyen avoit pu remplir «

» l'objet pour lequel on l'avoit proposé, il
» auroit été d'autant plus avantageux, qu'une
» très-petite portion *de cet acide minéral auroit*
» *suffi pour guérir du scorbut un Équipage nom-*
» *breux.* Mais bien loin que les différentes
» expériences qu'on a faites, aient prouvé qu'il
» eût *la vertu de détruire cette maladie*, on a
» eu même occasion de remarquer qu'elle
» s'étoit manifestée chez des personnes qui,
» depuis un temps assez long, faisoient usage
» de *ce faux préservatif;* d'où l'on peut con-
» clure que c'est de son *union avec la partie*
» *muqueuse & huileuse des fruits, que l'acide*
» *qu'ils contiennent, tire son efficacité contre*
» *le scorbut.* Il faut cependant convenir que
» c'est un remède qui ne doit pas être entiè-
» rement proscrit. On peut *l'employer avec*
» *succès* pour combattre, *non pas la cause,*
» *mais les symptômes du scorbut qui s'annoncent*
» *dans la bouche.* Il arrête l'hémorragie des
» gencives & les raffermit; il suffit alors de
» l'employer en gargarismes. Si cependant on
» n'avoit rien de mieux en sa disposition, on
» pourroit y avoir recours. Mais en ce cas
» il faudroit, au lieu de le faire prendre dans

un *véhicule purement aqueux*, le joindre aux «
alimens mucilagineux dont on nourrit com- «
munément les Matelots. Par exemple, après «
l'avoir uni à une suffisante quantité de «
sucre, & en avoir formé une espèce de corps «
savonneux, on l'incorporeroit exactement «
avec les pois, les haricots, le riz & les «
autres légumes que mangent les Matelots. »
A la *page 146 :* « Tant que les *esprits de
vitriol, de sel, de nitre*, dulcifiés, ne seront «
unis à aucun corps qui puisse lier & enve- «
lopper l'acide, le neutraliser pour ainsi dire «
avec une substance grasse, *ils produiront rare-* «
ment de bons effets ». M. Pringle n'est donc
pas le premier qui ait dit que *l'acidité des
fruits, des légumes & des liqueurs fermentées,
contribuoit à écarter la putréfaction; ni qui ait
combattu le premier le peu d'efficacité de l'Élixir
de vitriol quand il est seul; ni enfin qui ait
proposé le premier de le rendre efficace.*

M. Pringle : « Si l'air fixe & les acides sont
de si bons préservatifs contre le scorbut, «
pourquoi le Capitaine Cook a-t il employé «
si peu de rob de limons & d'oranges? car «
c'est ainsi qu'on a appelé les extraits, ou les «

S iv

» sucs épaissis de ces fruits en traitant cette maladie. » Il en donne la raison ensuite : « On ne doit donc pas s'étonner que le Ca-
» pitaine Cook ne connoissant pas la dose
» convenable de ces jus, & les ayant vu man-
» quer dans tous les essais, ait conçu une foible
» idée de ces anti-scorbutiques. Il est à propos
» de remarquer que, comme ils avoient été
» réduits à un très-petit volume par l'évapora-
» tion sur le feu, ce procédé les avoit vrai-
» semblablement beaucoup affoiblis, & qu'avec
» leurs particules aqueuses, ils avoient perdu
» de leurs particules aëriennes, d'où dépend,
» en grande partie, leur qualité anti-septique.
» Si donc on essayoit de nouveau ces excel-
» lens fruits, il seroit plus à propos d'envoyer
» à la mer les jus purifiés en caisses entières,
» suivant ce qui a été proposé à l'Amirauté, il
» y a quelques années, par un Chirurgien de
» la Marine, très-habile & très-expérimenté.
» Les témoignages en faveur des qualités salu-
» taires de ces acides, sont en effet si nombreux
» & si persuasifs, que, s'il y avoit encore des
» exemples de leur peu de succès pareils à ceux
» de ce voyage, je ne croirois pas encore cette

raison suffisante pour les ôter de la liste des « meilleurs anti-scorbutiques ».

Page 103 de mon Traité, j'avois dit : « *Le suc de citrons, de groseilles, d'oranges, & ceux des autres fruits aigrelets épaissis au bain-marie & conservés dans des bouteilles exactement bouchées, sont de la plus grande utilité pour prévenir le scorbut.* » Plus loin : « *Les avantages que l'on a tirés de leur usage* dans les circonstances les plus critiques, prouvent tout-à-la-fois *l'efficacité du suc de limon ou d'orange, & la nécessité d'en être pourvu.* L'Amiral Charles Wager fit cesser le scorbut qui affligeoit son Équipage, en donnant chaque jour à ses Matelots *une caisse de limons* dont ils mangeoient avec profusion, & dont ils mélangeoient le suc avec de la bière qui leur étoit distribuée. » Plus bas : « *Avec quelle efficacité n'a-t-on pas employé, pour combattre le scorbut, quelques cuillerées de suc de limons*, prises deux fois par jour avec un peu de vin de Malaga & d'eau ! » *Page 146 :* « On conseillera donc avec assurance, quand le scorbut commence à parvenir à son troisième degré, *soit les fruits, les citrons, les*

» oranges, soit leur suc épaissi, & cela à des
» doses relatives aux bons effets qu'ils produiront. » *Page 14* de mon second Mémoire :
« L'Amiral Osborn, étant en croisière devant
» Cadix, se vit forcé de relâcher à Vado,
» parce que son Équipage étoit ravagé par le
» scorbut. Après quelques jours de relâche,
» il se contenta d'embarquer *une quantité con-*
» *sidérable d'oranges & de citrons qu'il trouva*
» *dans cette ville.* Malgré le temps, qui fut très-
» rude, *tous les scorbutiques parvinrent à se réta-*
blir à bord. » *Page 61 :* « Dans les Colonies
» on pourroit suppléer au suc de raisin bien
» cuit, *par les robs de citrons, de limons, d'o-*
» *ranges,* ou à leur défaut, par un mélange de
» crême de tartre & de sucre, auquel on joindroit quelques grains de résine de gayac. » La
différence qu'on trouve ici entre M. Pringle
& moi, est qu'il veut que l'on envoie en mer
les jus purifiés de ces fruits, en caisse entière,
& que je recommande de les y envoyer dans
des bouteilles exactement bouchées.

 M. Pringle : « Le Capitaine Cook ne croit
» pas que de grandes provisions de vinaigre
» soient aussi nécessaires qu'on l'imagine

communément. Quoiqu'il ait diſtribué, en « place de l'acide, de *la ſourkrout* ou choux- « croûtes aux différentes chambrées, & employé « principalement le feu pour purifier les ponts, « j'eſpère que les Navigateurs ne ſe ſerviront « point de ſon autorité afin d'omettre cet « article. Le vinaigre ſera du moins un bon « aſſaiſonnement pour les viandes ſalées, & on « peut quelquefois l'employer avec ſuccès, « ſur-tout dans les aſperſions des poſtes des « Matelots. Il faut remarquer que l'odeur en « eſt peu agréable aux perſonnes en ſanté, « mais qu'elle l'eſt communément aux malades, « ſur-tout à ceux qui ſont entaſſés dans un « lieu ſale ».

Page 99 de mon Traité des Maladies des Gens de mer, j'ai dit : « Une précaution très- « utile dont on pourroit encore uſer pour « purifier l'air, feroit de *parcourir l'entre-pont* « *avec un fourneau rempli de charbons ardens*, « fait de manière à n'avoir rien à craindre du « feu, & qui feroit toujours accompagné d'un « ſurveillant exact. Ce feu mobile feroit des « ſtations de diſtance en diſtance ; on jetteroit « ſur les charbons enflammés, quelques ſubſ- «

» tances résineuses, telles que la résine de pin,
» le benjoin commun, l'encens, & *même une*
» *petite quantité de vinaigre, &c.* Page 108 :
» *On peut conserver toutes ces substances* (les
» choux confits & les oignons) *en les marinant avec du sel & du vinaigre, &c.* » Page 112 :
« *L'efficacité du vinaigre, lorsqu'il est employé*
» *convenablement, & mélangé sur-tout avec les*
» *substances dont on se nourrit, n'est point équivoque dans le traitement du scorbut.* Mais il
» s'en faut beaucoup qu'il puisse être comparé aux sucs des fruits dont j'ai parlé. »
Page 131 : « Les cordiaux acidules, les
» liqueurs fermentées, comme la bière, le vin,
» le *vinaigre dans les alimens, &c.* peuvent
» aussi trouver place dans la curation du scorbut
parvenu à son premier degré ». Page 444 :
« L'usage des parfums a été souvent recom-
» mandé pour purifier l'air, & avec grande
» raison. Les résines brûlées, &c. les graines
» de genièvre, la déflagration de la poudre
» à canon, du soufre, les *aspersions de*
» *vinaigre, peuvent être employés avec beaucoup*
de succès, &c. »

M. Pringle recommande la *Sour-Krout*

& les choux tant vantés par les Anciens.

En sept ou huit endroits, j'ai recommandé l'une & ordonné les autres. Ci-dessus, *page 226* de mon Mémoire, j'ai prescrit l'usage de la bouillie d'orge, d'avoine & la *choucroûte*. *Page 14* de ce même Mémoire, j'avois déjà dit : « Lorsque les Flottes Angloises « étoient réunies à celles des Hollandois, & « qu'elles croisoient de conserve dans la mer « Baltique, l'Amiral Wager observa que les « Équipages Anglois avoient le scorbut à un « haut degré, tandis que cette maladie étoit « à peine sensible parmi les Hollandois; ce « que cet Officier attribua *avec raison à quel- « ques repas de choux-croûte* que les Hol- « landois donnoient de temps à autre à leurs « Équipages, & sur-tout à l'usage de quelques « oranges qu'on leur distribuoit. » Ci-devant, *page 221 :* Je desire qu'on accorde un Prix à celui qui trouveroit le moyen de préparer pour la mer toute sorte de légumes où fussent compris le *chou*, les oignons, l'oseille, &c. de façon que sans perdre leurs propriétés ils pussent se conserver le plus long-temps possible sans altération. *Page 103* de mon Traité, je demande qu'on embarque les *choux confits avec un peu de vinaigre*. Page 107 : « Si les Matelots » Hollandois sont moins sujets au scorbut que » ceux de la nation Angloise, c'est qu'ils » mangent plus communément des *choux confits* » *& des oignons, soit dans leurs soupes*, soit dans les ragoûts dont ils se nourrissent. » « *Page 129*, j'ordonne le cresson, le raifort, la moutarde, &c. *les choux*. » Page 142 : « *Une soupe aux choux* faite avec du bouillon » de viande fraîche, des oignons, &c. *seront d'excellens moyens à employer contre le scorbut*. » Page 160 : « *Les choux dans la soupe* seront » quelquefois la nourriture des malades. *Ils* » *pourront retirer quelque soulagement de leur usage, &c.* »

M. Pringle : « Un des plus célèbres Méde- » cins de notre siècle a dénoncé le chou comme » ayant quelque chose de vénéneux. Cet Au- » teur croyoit avec aussi peu de fondement, » que le chou étant une plante alkalescente, » & disposée par conséquent à la putréfaction, » ne pouvoit jamais être employé dans le » scorbut, à moins que la maladie ne vînt » d'un acide. Mais les expériences dont j'ai présenté autrefois le résultat à la Société, « prouvent que ce végétal, ainsi que les autres « corps supposés alkalescens, est réellement « acescent, & le scorbut ne provient jamais « d'acidité, mais plutôt d'une espèce de putré- « faction où tendoit, à ce qu'on croyoit, la « classe mal fondée des alkalescens. »

J'avois déjà réfuté Boërhaave à ce sujet, & tous ceux qui pensent comme lui. *Voyez* ci-devant, *page 2 0 0* de mon Mémoire: « Boër- « haave en admettant *un scorbut acide*, a con- « fondu sous le même nom générique, deux « maladies essentiellement différentes; car *com-* « *ment concevoir que le scorbut puisse être produit* « *par une nourriture acescente,* lorsqu'il est géné- « ralement prouvé par des faits que les plus « puissans remèdes de cette maladie *sont tirés des* « *végétaux qui ont le plus d'acidité,* & que les « farineux, même les plus grossiers, deviennent, « par la fermentation qui leur est propre, les « correctifs de la putréfaction qui s'empare des « matières animales abandonnées à leur mouve- « ment spontané! » Ci-dessus, *page 2 1 2 :* « Quand « des exercices pénibles accélèrent l'oscillation « du cœur & des artères, hâtent la progression «

» du sang, augmentent sa trusion & amènent
» par-là plus promptement *cet état d'alka-*
» *lescence, ou plutôt cette disposition à la putri-*
» *dité,* qui est le dernier terme où tendent les
» liqueurs animales, *les nourritures végétales,*
» *tenaces & acescentes,* ne deviennent-elles pas
» même alors la seule espèce d'alimens indiquée par la Nature! »

M. Pringle : « Parmi les dernières provi-
» sions de mer qu'on a découvertes les plus
» salubres, chacun a entendu parler de la soupe
» portative, & le Capitaine Cook en a tiré un
» grand avantage durant son expédition. Ce
» bouillon concentré, délivré de toute graisse,
» & ayant, par une longue évaporation, jeté
» les parties les plus putrides de la viande, est
» réduit à la consistance d'une colle, & dans
» un endroit sec il se conserve plusieurs années
» comme les autres colles, &c. Puisque le
» Capitaine Cook observe qu'au moyen de
» cette soupe, son Équipage mangeoit une
» plus grande quantité de légumes qu'ils n'en
» auroient mangé d'ailleurs, on doit convenir
que du moins elle a été anti-septique par là. »

Page 462 de mon Traité, j'ai recommandé
l'usage

l'usage d'un extrait de viandes solides dont les Anglois usent avec succès, & qu'ils appellent *portatible*, soupe, ou soupe portative. J'ai fait plus, j'ai donné les moyens de la rendre *plus salubre*, & c'est peut-être ainsi que le Capitaine Cook l'a donnée à son Équipage : « On prendra, ai-je dit, cinq parties de bœuf & une « de mouton : on en coupera la chair par « petits morceaux, *en séparant la graisse le plus* « *soigneusement qu'on le pourra ;* on écrasera les « os de ces animaux & on fera bouillir le tout « en grande eau, à feu modéré, jusqu'à ce « que la viande soit réduite en marmelade, & « cela, conjointement avec une suffisante quan- « tité de sel & de plantes potagères, &c. Alors « on passera le bouillon chaud à travers un « linge un peu serré, & on le laissera *refroidir* « *pour en séparer la graisse qui sera figée.* Cette « première opération faite, il faudra remettre « le bouillon dans la chaudière, qu'on aura « bien nettoyée, & on fera évaporer peu-à-peu « l'humidité jusqu'à ce qu'on ait un extrait « qui, *étant refroidi, soit très-solide*..... Cet « extrait est susceptible de différens assaison- « nemens. On peut y ajouter pendant la «

T

» première ébullition, outre les plantes pota-
» gères, un peu de clou de girofle, de muscade,
» de canelle, & un peu de poivre concassé, &c.
» Le haut goût qu'il doit recevoir par ces
» additions, peut tout-à-la-fois servir à le
» rendre plus salutaire & plus agréable. Chaque
» livre de viande fournit deux onces de *pareille*
» *gelée*. Il ne s'agiroit que de la faire en grand,
» & dans les Provinces de France où les bœufs
» & les moutons sont à bas prix. Chaque once
» de cette substance fait dans l'instant un bon
» bouillon, &c. *Cette gelée*, d'ailleurs, *s'altère*
» *très-difficilement*, & le procédé par lequel
» on l'obtient, offre le moyen de placer dans
» un très-petit espace tout ce qu'une grande
» quantité de bœufs & de moutons renferme
» de particules nourricières. Sa conservation
» exige quelques soins, &c. L'endroit le plus
» sec du Vaisseau doit lui être destiné. *Cette*
» *gelée s'est conservée pendant trois ans, tant en*
» *mer que dans les pays chauds, sans éprouver*
» *la moindre altération* ».

M. Pringle : « Le Capitaine Cook ne re-
» clame ici d'autre mérite que d'avoir distribué
» avec prudence les provisions qu'on lui avoit

données; mais il a seul la gloire des règle- «
mens absolument nouveaux dont je vais vous «
parler, & des essais qu'il a faits avec succès, «
d'après les idées de quelques-uns de ses «
amis ».

Ces Règlemens, on en trouvera le germe
dans mes fréquentes Observations *sur la nécessité d'empêcher les Matelots de se coucher & de prendre leur hamac quand ils sont mouillés, & de les contraindre à se sécher.*

M. Pringle : « Dans le service ordinaire,
chaque individu ne peut avoir qu'un som- «
meil interrompu, & quand ils sont mouillés, «
ils n'ont pas le temps de se sécher avant de «
prendre leur hamac, &c. Je sais que rien «
ne distingue plus un Officier que le soin «
de préserver son Équipage de l'humidité & «
des autres injures du temps. M. Cook a «
veillé sur le sien avec une humanité parti- «
culière, &c. Dans ses campagnes, sous le «
Cercle antarctique, il donnoit à chaque «
homme un gros habit de laine, garni d'un «
capuchon. Les Matelots le trouvoient fort «
utile pour manœuvrer à la pluie, à la neige ».

C'est encore ce que j'avois recommandé

instamment aux Officiers marins, & ce qu'avoit fait, en 1760, M. de Brugnon, qui commandoit le Vaisseau du Roi *le Diadème*, ainsi que je l'ai dit dans mon Traité. *Page 159* de mon second Mémoire on lit : « *La manière d'être vêtu, qui influe d'une façon marquée sur l'insensible transpiration, est encore un des agens auxiliaires qui réduisent ou augmentent l'intensité des causes principales du scorbut*, & qui en éloignent ou en accélèrent les atteintes, & c'est par cette raison que les Officiers de Vaisseaux qui sont *logés dans les lieux les plus sains & les plus aërés, qui sont le moins exposés aux intempéries de l'air, tant par la nature de leur service que par la bonté de leurs vêtemens, &c.* sont presque toujours à l'abri du scorbut, ou sont au moins ceux qui l'éprouvent les derniers. » *Page 52* de mon Traité : « *Les Matelots mal équipés qui couchent sur le tillac, ou qui, n'ayant pas de linge pour en changer, laissent sécher sur eux leurs vêtemens mouillés, deviennent très-promptement scorbutiques.* » *Page 83 :* L'obligation dans laquelle on est souvent de tenir les écoutilles fermées, ne permet point le renouvellement

de l'air & *la dissipation de l'humidité* dans un «
temps où les travaux qu'endurent les Mate- «
lots, les disposent singulièrement au scorbut. «
Dans ces circonstances, *leurs habits sèchent* «
souvent sur leur corps ; leurs lits & leurs cou- «
vertures sont presque toujours humides & quel- «
quefois même tout-à-fait mouillés. » Page 97 :
Il faudroit que *dans des temps froids,* «
humides & pluvieux, pendant lesquels il règne «
des brouillards, on ordonnât aux Matelots de «
se couvrir de leur mieux pour éviter les atteintes «
de l'humidité. Les Officiers devroient défendre «
qu'aucun Matelot se couchât dans son hamac «
avec des habits mouillés. Car on comprend «
que de pareilles imprudences diminuent la «
transpiration & donnent lieu au désordre «
qu'on voudroit éviter. »

M. Pringle : « Une autre précaution essen- «
tielle contre la putréfaction, c'est de tenir «
propres les corps, les vêtemens, les hamacs «
& les postes des Matelots. M. Cook m'a «
appris que régulièrement une fois par semaine «
il passoit l'Équipage en revue, & qu'il exa- «
minoit si chaque homme avoit changé de «
linge, & si d'ailleurs il avoit la propreté «

T iij

convenable. » On voit bien que M. Cook a fait là ce que je demandois qu'on fît. A chaque page de mon Traité, je recommande aux Matelots *la propreté du corps, des hamacs, des postes & des vêtemens.* On a dû s'en convaincre par plusieurs exemples cités précédemment. *Page 490 :* J'ai dit que M. de Brugnon veilloit à ce que chaque Matelot fût assez *bien pourvu de gilets & de chemises pour qu'il pût en changer souvent. Page 98,* j'avois dit : « La » police intérieure d'un Vaisseau veut que les » gens de l'Équipage *aient du linge & des ha-* » *billemens, pour en changer dans le besoin. Après* » *le mauvais temps, il faudroit ordonner aux Matelots de changer de linge & de vêtement.* » Page 452 : « *Chaque Matelot, dans un voyage* » *de long cours, devroit avoir au moins double* » *habillement complet, six chemises, &c. Dans* » *les temps de pluie & d'orage, il ne faudroit* » *jamais souffrir que les Matelots qui auroient* » *été mouillés pendant leur service, entrassent dans* » *leurs hamacs sans avoir changé de linge.* » Page 450 : *Les précautions qui concernent* » *la propreté de l'Équipage en général, & de* » *chaque individu en particulier, méritent*

beaucoup d'attention. On ne sauroit y veiller «
de trop près. Il seroit à souhaiter, dit M. de «
Morogues, que l'Officier chargé particu- «
lièrement du détail & de la discipline du «
Vaisseau, obligeât les gens de l'Équipage à «
changer de linge, à se laver, à se peigner, &c. «
Enfin, on peut lire tout ce que j'ai écrit sur «
la propreté du Vaisseau & de l'Équipage, & «
l'on verra que le Médecin François avoit «
recommandé tout ce qu'a exécuté depuis le «
Capitaine Anglois. »

M. Pringle : « Je n'ai pas ouï dire que les «
Commandans des Vaisseaux se soient encore «
servis de l'alembic, afin de se procurer de «
l'eau douce pour laver le linge & les habits, «
& cependant il est sûr que l'eau de la mer «
ne se mêle pas avec le savon, & que la «
toile humide de saumure ne se sèche jamais «
parfaitement. »

On lit, *page 453* de mon Traité : « Les «
Matelots embarquent si peu de chemises qu'ils «
les laissent, pour ainsi dire, pourrir sur leur «
corps ; & lorsqu'ils sont obligés de les quitter, «
ils n'ont point d'autre ressource que de les «
laver dans l'eau de la mer, à la traîne du «

T iv

» Vaiſſeau. Je ne prétends pas que cette eſpèce
» de leſſive ſoit dangereuſe; je dis ſeulement
» *que le linge ne ſauroit ſécher qu'avec peine,*
» *qu'il ſe blanchit mal,* & qu'il reſte toujours
» imprégné de corpuſcules ſalins qui, à la vérité,
» ne ſont pas nuiſibles par eux-mêmes. Ainſi
» je ne blâmerai pas cette méthode, pourvu
» qu'après avoir fait égoutter le linge, *on le*
» *trempe dans l'eau douce pour le faire ſécher*
» *plus aiſément* & d'une manière plus parfaite
» par l'enlèvement de la partie ſaline qui y
» entretient toujours de l'humidité. La décou-
» verte de M. Poiſſonnier lève tout obſtacle
» à l'exécution de ce *conſeil ſalutaire, par la*
facilité de ſe procurer de l'eau douce. »

M. Pringle : « Il n'eſt pas beſoin de parler
» des hamacs & des lits. Tous les Officiers
» ſavent aujourd'hui combien il importe à
» la ſanté des Équipages, de les tenir ſecs
» & bien aërés, puiſque la reſpiration de tant
» de monde répand dans l'eſpace de vingt-
» quatre heures, une humidité funeſte ſur les
» parties baſſes du Vaiſſeau. M. Cook non
» content de faire expoſer les hamacs & les
» lits ſur le pont à chaque beau jour, ce

qui est la méthode ordinaire, avoit soin « qu'on en aërât toutes les parties. »

Aucune de ces Observations, pas même la dernière, ne m'avoit échappé, quand j'ai travaillé à mon Traité. *Page 98*, je demande qu'on s'occupe *à dissiper la trop grande humidité des endroits où couchent les Matelots*, qu'on aide *la circulation de l'air* en ouvrant souvent les écoutilles, & qu'*on porte* dès que le gros temps sera passé, *toutes les hardes mouillées sur le pont pour les faire sécher le plus promptement possible*; j'ajoute que, par une machine semblable à celle de Sutton, on pourroit parvenir à *faire passer dans l'entre-pont un air chaud & sec* qui auroit un réservoir où pomperoit une machine ingénieusement faite.

M. Pringle : « Le Capitaine Cook s'est occupé en outre de la pureté du Vaisseau « lui-même, précaution sans laquelle toutes « les autres auroient été inutiles. »

On a vu plus haut que j'ai fait un article à part pour cet objet.

« Mais, dit-il, puisque M. Cook a tiré de si grands secours du feu pour purifier « son Bâtiment, je tâcherai d'exposer la «

» méthode de l'employer plus au long qu'il
» ne l'a fait. Après avoir mis du bois dans
» un fourneau à grille, on l'allume & on le
» porte succeſſivement dans toutes les parties
» qui ſont au-deſſous des ponts. Par-tout où
» il y a du feu, l'air le plus proche s'échauffant
» devient plus léger, & par ſa légèreté il
» s'élève & paſſe par les écoutilles dans l'at-
» moſphère. L'eſpace vide eſt rempli par l'air
» froid des environs, & celui-ci s'échauffant
» à ſon tour, monte, & eſt remplacé par
» un autre air. Ainſi en tenant le feu quel-
» que temps dans chacun des appartemens
» inférieurs, on chaſſe l'air ſale & on y en
introduit du frais. »

Page 100 de mon Traité : « il n'y auroit
» rien de ſi aiſé que d'imaginer un *fourneau*
» *portatif* qui ne laiſſeroit craindre aucun acci-
» dent, & qui par *une petite quantité de*
» *charbons ardens, donneroit lieu à un courant*
» *d'air qu'il échaufferoit, & qui pourroit être*
» *pouſſé dans toutes les parties d'un Vaiſſeau.*
» On parviendroit *à corriger*, du moins pour
» un temps, *les mauvaiſes qualités de l'air &*
ſon humidité. » Page 358 : « *On tiendra*

l'entre-pont le plus propre possible, & on em- «
ploîra tous les moyens capables de remplacer «
souvent l'atmosphère qui entoure les malades «
par des masses d'air qui viendroient du dehors. «
Et pour cela je propose à la page suivante «
des *feux portatifs*. » Page 450 : « *Il faudroit
laver de temps en temps l'intérieur du Vaisseau.* «
Il faudra aussi gratter les entre-ponts, répéter «
souvent cette opération dans les pays chauds, «
brûler dans l'intérieur du Vaisseau de la graine «
de genièvre, & faire quelques aspersions de «
vinaigre. » Page 437, je propose, sur le
plan de M. Duhamel, un moyen très-commode de *renouveler l'air de la cale & de l'entrepont, & de le purifier* : « C'est une caisse de
cuivre exactement fermée de tous les côtés, «
qui sépareroit la cuisine du Capitaine de celle «
de l'Équipage à l'endroit des foyers, & qui «
serviroit de cloison. Il y auroit à cette espèce «
de caisse métallique deux tuyaux, l'un qui «
de la cale viendroit aboutir à la porte infé- «
rieure de cette caisse, & l'autre qui de «
la partie supérieure monteroit tout le long «
de la cheminée, & la dépasseroit le plus «
qu'il seroit possible. Par conséquent, *l'air* «

» *qui la rempliroit, promptement raréfié, tendroit*
» *à s'échapper par le tuyau supérieur où il trou-*
» *veroit moins de résistance, pendant que l'air*
» *qui viendroit du canal inférieur, seroit forcé*
» *de remplir le vide* qui se feroit continuellement dans la caisse, &c. » *Page 420 :* « *Les*
» *ventilateurs, les courans d'air produits par*
» *l'action du feu, &c. sont des secours qui se*
présentent pour purifier l'air dans les Vaisseaux. »
« M. Cook n'est donc pas le premier qui
» ait songé à *tirer de grands secours du feu*
» *dans les Vaisseaux*, ni M. Pringle le pre-
» mier qui ait fait à ce sujet des remarques
» utiles. Ils ont trouvé la carrière ouverte,
& l'ont parcourue sans l'étendre. »

M. Pringle : « L'humidité qui provient de
» la transpiration d'une multitude d'hommes,
» & souvent d'animaux qu'on conserve en
» vie, & des vapeurs qui sortent du puits où
» il y a le plus de corruption, étant une des
» causes principales du scorbut, M. Cook s'est
» appliqué plus particulièrement à la chasser.
» Il ne pouvoit pas employer de meilleurs
» moyens que des feux : tandis qu'ils brûloient,
» quelques hommes frottoient fortement avec

de la toile, chaque partie de l'intérieur du «
Vaisseau qui étoit humide. *(Ce que j'avois* «
bien recommandé, comme on l'a vu plus haut): «
ils purifioient sur-tout le puits qui, se trou- «
vant dans la partie la plus basse de la cale, «
reçoit toute l'eau des voies & les gouttes «
qui tombent des viandes gâtées ou de l'eau «
corrompue. Les vapeurs méphitiques de la «
sentine ont souvent occasionné la mort subite «
de ceux qui s'en sont approchés sans pré- «
caution, pour la nettoyer. Le Capitaine «
Cook est venu à bout, non-seulement de «
purifier, mais encore de rendre agréable ce «
lieu, en y descendant un pot de fer rempli «
de feu.... Dans un mauvais temps, on «
fumigeoit le Vaisseau avec de la poudre à «
canon. Quoique cette fumée ne pût pas «
dessécher les parties basses du Bâtiment, elle «
chassoit seulement l'air corrompu par le «
moyen des esprits acides du soufre & du «
nitre; car le soufre & le nitre jouissent «
peut-être d'une sorte de fluide aërien qui «
se dégage alors du feu & qui arrête la «
putréfaction. »

On va retrouver toutes ces Observations

dans ce que j'avois écrit sur cette matière, en cinq ou six endroits de mon Traité, excepté une opinion de M. Pringle que j'ai réfutée, *page 61,* en ces termes : « Le mauvais air » qu'on respire dans les Vaisseaux, les exha- » laisons qui s'élèvent du fond de cale, peu- » vent bien produire des maladies funestes; » mais *tant que ces causes seront seules, elles ne* » *feront jamais naître le scorbut,* quoique les » Matelots eussent été exposés fort long-temps » à l'action de ces causes; d'où l'on peut s'écar- » ter de *l'opinion du Docteur Pringle, qui re-* » *garde les exhalaisons putrides qui s'élèvent du* » *fond de cale, comme la cause qui agit le plus* » *puissamment pour la production du scorbut.* Si » cela étoit ainsi, la purification de l'air par » différens moyens connus, par le feu, par la » machine de Sutton, ou d'autres ventilateurs, » préviendroit le scorbut ou en arrêteroit les » progrès, &c. Si le scorbut ne reconnoissoit » que de telles causes, il seroit familier parmi » les Équipages dans tous les temps, & sur-tout » dans tous les climats chauds où les vapeurs » qui sont renfermées dans les Vaisseaux, doi- » vent être plus exaltées, plus pénétrantes, &

par conséquent plus pernicieuses. C'est ce- « pendant ce qu'on ne voit pas dès qu'il ne « pleut point dans ces parages. »

J'ai déjà dit que j'avois souvent prescrit l'usage des feux pour purifier l'air : je l'ai prouvé par une foule de citations. Maintenant je prie le Lecteur de comparer ce que je viens de rapporter de M. Pringle, avec ce que j'avois écrit *page 410* de mon Traité ; le voici : « Lorsque l'on considère *le peu d'espace destiné à con-* « *tenir un si grand nombre d'individus, & qu'on* « *connoît à peu près le volume d'air qui doit être* « *inspiré & expiré continuellement ;* lorsqu'on « sait à quel point il se corrompt, après avoir « été introduit plusieurs fois dans les poumons ; « lorsqu'enfin on observe que *le produit de la* « *transpiration de tant de corps animés s'y mêle* « *sans cesse, on voit que celui qu'on respire dans* « *l'entre-pont, ne sauroit être salubre,* &c. Quant « à la cale, on y place quelquefois des animaux, « des Matelots. En cet endroit les provisions, « les viandes dans lesquelles la fermentation qui « leur est propre, se fait insensiblement, mais « continuellement, répandent des vapeurs qui en « sont le produit : elles se mêlent avec celles qui «

» *sortent des hommes & des animaux & leur*
» *communiquent plus d'activité.* C'est encore
» dans la cale où se trouve *la sentine où les*
» *eaux qui se rassemblent & qui se putréfient,*
» *répandent une infection insoutenable,* &c. Qu'on
» en juge par ce qui arrive à ceux qui ne sont
» pas habitués à y descendre; *ils ne sauroient*
» *supporter l'odeur infectée qu'on y sent, & ils*
» *éprouvent souvent un mal-aise & une douleur*
» *de tête accompagnée de suffocation,* qui ne se
» dissipent qu'après qu'ils ont pris l'air sur le
» pont pendant quelques heures. *Page 423:*
» Établissons des courans d'air artificiels où
» manquent les courans d'air naturels; il n'y a
» pas d'autre secret à chercher. *Si nous venons*
» *à bout d'expulser l'air corrompu par des entre-*
» *ponts, le vide qu'il laissera sera, sur le champ,*
» *nécessairement rempli par l'air extérieur, & ce*
» *fluide se trouvera rafraîchi & renouvelé. Page*
» *442:* La dépravation de l'air par un trop
» long séjour *dans la sentine, indique assez ce*
» *que l'on doit faire pour en prévenir les effets*
» *pernicieux.* Il faut pomper l'eau, lui en sub-
» stituer une plus grande quantité de nouvelle,
» la laisser peu séjourner, & faire ainsi de forts

&

& fréquens arrosemens dans le Vaisseau, &c. « Quoiqu'il suffise, en quelque façon, de « renouveler l'air pour lui rendre sa salubrité, « *les résines brûlées, telles que le goudron, l'en-* « *cens, &c. la déflagration de la poudre à canon,* « *du soufre, &c. peuvent être employés avec beau-* « *coup de succès.* L'air par lui-même est sans « odeur; mais il est le véhicule de toutes les « odeurs bonnes ou mauvaises. Ainsi l'asper- « sion ou *la combustion de quelques-unes de ces* « *substances désignées, sont propres à corriger la* « *malignité des vapeurs infectes dont l'air est* « *chargé. Les effets du soufre brûlé sont très-* « *puissans.* » Où est donc ce qui appartient à M. Cook ou à M. Pringle! Achevons.

M. Pringle : « Parmi les différens moyens « de renouveler l'air, vous vous attendiez peut- « être, Messieurs, à entendre parler du venti- « lateur du Docteur Hales ; & persuadé comme « je le suis de l'excellence de cette machine, je « vois avec regret une si belle occasion d'en « donner au Public une idée favorable. Si le « succès de l'expédition de M. Cook, supé- « rieur à ce qu'on pouvoit en espérer, ne « suffisoit pas pour justifier cette omission, je «

U

» dirois en faveur de notre digne confrère, le
» Docteur Halès, que par une fatalité humi-
» liante qui accompagne si souvent les décou-
» vertes les plus utiles, la réputation de ce
» ventilateur est bien loin d'être fermement
» établie dans la Marine, &c.... Mais le
» Capitaine Cook étoit muni d'un autre ven-
» tilateur. Il avoit *les manches à vent*, quoi-
» qu'il n'en parle pas dans son Mémoire, &c.
» Mais leur effet est peu considérable en com-
» paraison du ventilateur du Docteur Hales.
» On ne peut pas les employer dans les vents
» forts, & ils sont inutiles dans les calmes,
» lorsqu'on a le plus besoin de rafraîchir l'air.
» Ne devroit-on pas se servir de l'un & de
» l'autre de ces ventilateurs! »

Page 420 de mon Traité : « *Les ventila-*
» *teurs, les pompes foulantes & aspirantes de*
» *différentes formes, sont autant de moyens de*
» *renouveler l'air.* » Je parle ensuite de plusieurs
machines propres encore à cela. Enfin, à la
page 425, je dis : « *Celle de toutes qui me*
paroît rassembler le plus d'avantages, est le «
ventilateur de M. Hales. » Suit la description
de cette ingénieuse machine. Puis j'ajoute :

« Il y auroit encore d'autres machines à pro-
poser pour renouveler l'air, telles que *la
manche Danoise, les soufflets à force centri-
fuge, &c. mais elles ne peuvent soutenir le
parallèle avec le ventilateur de M. Hales,
qui mérite la préférence à tous égards.* Cependant, comme dans tout ce qui soumet
l'homme à des soins & à un travail jour-
nalier, son indolence naturelle est le plus
grand obstacle *au succès des inventions même
qui leur sont les plus utiles,* on a cherché des
moyens où l'on pût se passer du secours des
Matelots (réflexion qui a fait naître celle
de M. Pringle). C'est dans cette vue que
M. Sutton en Angleterre, & M. Duhamel
en France, ont pensé dans le même temps à
faire servir l'action du feu au renouvellement de l'air dans les Vaisseaux. » *Page* 446.
« Le ventilateur de M. Hales a le double
avantage de porter toutes sortes de vapeurs
dans l'intérieur des Vaisseaux, & de les y
repomper. »

Je le demande à présent, Messieurs, aux
lecteurs les plus indulgens : M.rs Pringle &
Cook n'ont-ils pas calqué leur méthode, leurs

principes, leurs idées, sur ma méthode, sur mes principes, sur mes idées! Assurément il est possible que deux hommes écrivant sur une même matière, qui n'exige aucune discussion profonde, se rencontrent par fois dans leurs idées; mais qu'un Médecin guidé par l'observation & l'expérience, fasse un Discours sur une matière intéressante pour l'humanité, établisse des principes déjà posés par un autre Médecin, les appuie des mêmes remarques, en tire les mêmes conséquences, & cela, sans l'avoir lû, médité, approfondi & copié, c'est une chose impossible. Il faut nécessairement convenir que celui qui a écrit le dernier, s'est enrichi des dépouilles de l'autre. Je vous laisse à penser si M. Pringle est dans ce cas, après tout ce que vous venez de voir. Je ne citerai plus qu'un exemple d'un autre petit larcin fait aux M.rs de l'Académie des Sciences de Paris qui ont écrit le rapport de mon Ouvrage.

M. Pringle : « On doit beaucoup d'éloges » aux soins & aux talens de M. *Patten*, le » Chirurgien de la *Résolution*, qui a si bien » secondé le Capitaine Cook, car il faut con- » venir que, malgré les meilleurs règlemens

« & les meilleures provisions, il arrivera tou- «
jours à un nombreux Équipage, pendant «
une longue expédition, des accidens qui «
produiront plus ou moins de maladies, & «
qu'à moins qu'il n'y ait à bord un homme «
intelligent versé dans la Médecine, le plus «
sage Commandant perdra bien des Matelots «
qu'on auroit pu sauver. »

Page 505 de mon Traité, Rapport de M.^{rs} de l'Académie des Sciences de Paris.

« Ce ne seroit point trop faire pour le bien
des Équipages que de n'admettre pour Mi- «
nistres de santé sur les Vaisseaux, que des «
hommes qui joindroient de l'expérience en «
Médecine à la connoissance des principes de «
cette science; il faudroit encore que le même «
homme eût étudié la Chirurgie, & qu'il fût «
exercé à en faire les opérations. En un mot, «
il seroit nécessaire pour faire le bien autant «
qu'il est possible, que celui qu'on embarque «
comme Officier de santé, fût en même- «
temps Médecin & Chirurgien, & ce seroit «
rendre un service signalé à l'humanité que «
de mettre entre les mains des Chirurgiens «
destinés à cet état, un Traité bien clair & «
méthodique qui pût les guider sûrement «

» dans les traitemens qu'ils font obligés de
» faire, & qui pût, en quelque façon, fup-
» pléer aux connoiffances que la plupart n'ont
» pu acquérir. Ce que nous difons ici, eft ce que
M. Defperrières a entrepris de faire, &c. »

F I N.

RAPPORT de M.rs les Commiffaires de la Société Royale de Médecine.

LA Société Royale de Médecine nous a chargés, M. Lorry & moi, d'examiner un Manufcrit qui a été lû dans une de fes Affemblées, par M. Poiffonnier Defperrières, un de fes Affociés ordinaires. Ce Médecin a publié, il y a quelques années, différens ouvrages fur les Maladies des Gens de mer & fur la nourriture qui leur convient. Ces ouvrages ont été très-accueillis & ont fait loi en Médecine, ainfi que les Traités de Lind, de Rouppe, Médecin Hollandois, & de M. Duhamel du Monceau. Les Ouvrages de M. Defperrieres l'emportent même fur les premiers, en ce qu'ils contiennent des vues particulières & effentielles pour prévenir les Maladies des Gens de mer. M. Defperrières fe plaint de ce que M. Pringle, Préfident de la Société Royale de Londres, a oublié de le citer dans le Difcours qu'il a prononcé en rendant compte de la Relation du voyage du Capitaine Cook. Il eft vrai que nous voyons une très-grande conformité entre les moyens employés par le Capitaine Cook, & ceux que M. Desperrières a publiés en 1767, 1770 & 1771, & il paroît que c'est aux idées développées dans l'ouvrage du Médecin François qu'il faut attribuer les succès du Capitaine Anglois. Cependant nous pensons que si M. Pringle n'a pas cité l'ouvrage de M. Desperrières dont il avoit connoissance, c'est que ce n'étoit ni le lieu ni l'instant ; il s'agissoit d'un Discours en l'honneur du Capitaine Cook, c'étoit lui qu'il falloit louer, puisqu'on lui accordoit la Médaille, & c'est ce qui a engagé M. Pringle à ne citer ni l'ouvrage de M. Desperrières, ni ceux de Mrs Duhamel, Lind & Rouppe. Nous observerons aussi que parmi les moyens employés par le Capitaine Cook, il y en a quelques-uns qui ont été omis par les Auteurs célèbres que nous avons cités. Par exemple, il ne faut pas oublier le changement qu'il a fait dans la distribution des heures de repos & de travail des Matelots. Avant ce Capitaine, les Matelots Anglois étoient obligés de travailler quatre heures, & on leur accordoit quatre heures de repos qui étoient suivies d'un nouveau service. M. Cook observa que leur sommeil étoit interrompu & troublé à tout instant ; il s'arrangea de manière que chaque homme eût huit heures de repos pour quatre de service. Ce Règlement nouveau, quoiqu'imité de ce qui se passe sur les Vaisseaux François, procura un double avantage, celui d'un sommeil tranquille & suivi, & le temps nécessaire pour se sécher avant

de prendre leur hamac. Nous penſons que la Société ne peut qu'accueillir le travail de M. Deſperrières, qui ne tend qu'à donner de nouvelles lumières ſur ce qu'il nous a enſeigné. Ce 21 Juillet 1778.
Signé LORRY & ANDRY.

Je certifie le préſent Rapport conforme au Juge- de la Compagnie. A Paris, ce 21 Juillet 1778.
Signé VICQ-D'AZIR, Secrétaire perpétuel de la Société Royale de Medecine.

EXTRAIT des regiſtres de la Société Royale de Médecine.

LA Société Royale de Médecine ayant entendu la lecture du Rapport avantageux fait par Mrs *Lorry & Andry*, qu'elle avoit nommés pour examiner un Mémoire de M. Poiſſonnier Deſperrières, qui doit ſervir de ſuite aux ouvrages qu'il a déjà publiés ſur les Maladies des Gens de mer, la Compagnie a jugé ce Mémoire digne de ſon approbation. A Paris ce 4 Novembre 1779. *Signé* VICQUE D'AZIR, *Secrétaire perpétuel.*

www.ingramcontent.com/pod-product-compliance
Lightning Source LLC
Chambersburg PA
CBHW071336150426
43191CB00007B/757